LA SUBJECTIVITÉ
ET LA GESTION

à Michel Constim
Un plaisir de te
connaître
Bonne lecture !
Clément
— Montréal
le 15 mai 2011

PRESSES DE L'UNIVERSITÉ DU QUÉBEC
Le Delta I, 2875, boulevard Laurier, bureau 450
Québec (Québec) G1V 2M2
Téléphone: 418-657-4399 • Télécopieur: 418-657-2096
Courriel: puq@puq.ca • Internet: www.puq.ca

Diffusion / Distribution:

CANADA et autres pays

PROLOGUE INC.
1650, boulevard Lionel-Bertrand
Boisbriand (Québec) J7H 1N7
Téléphone: 450-434-0306 / 1 800 363-2864

SUISSE

SERVIDIS SA
Chemin des Chalets
1279 Chavannes-de-Bogis
Suisse

FRANCE

AFPU-DIFFUSION
SODIS

BELGIQUE

PATRIMOINE SPRL
168, rue du Noyer
1030 Bruxelles
Belgique

AFRIQUE

ACTION PÉDAGOGIQUE
POUR L'ÉDUCATION ET LA FORMATION
Angle des rues Jilali Taj Eddine
et El Ghadfa
Maârif 20100 Casablanca
Maroc

LA SUBJECTIVITÉ
ET LA GESTION

LAURENT LAPIERRE

2010

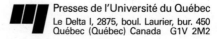

Presses de l'Université du Québec
Le Delta I, 2875, boul. Laurier, bur. 450
Québec (Québec) Canada   G1V 2M2

Catalogage avant publication de Bibliothèque et Archives nationales du Québec
et Bibliothèque et Archives Canada

Lapierre, Laurent, 1940-

La subjectivité et la gestion

ISBN 978-2-7605-2671-6

1. Aptitude pour la direction. 2. Subjectivité.
3. Cadres (Personnel) – Psychologie. 4. Autorité. I. Titre.

HD38.2.L36 2010   658.4'09   C2010-941988-X

Nous reconnaissons l'aide financière du gouvernement
du Canada par l'entremise du Fonds du livre du Canada
pour nos activités d'édition.

La publication de cet ouvrage a été rendue possible
grâce à l'aide financière de la Société de développement
des entreprises culturelles (SODEC).

Intérieur
    Mise en pages : INFO 1000 MOTS

Couverture
    Conception : RICHARD HODGSON
    Photographie : JEAN MARTIN

1 2 3 4 5 6 7 8 9 PUQ 2010 9 8 7 6 5 4 3 2 1

Dépôt légal – 4e trimestre 2010
Bibliothèque et Archives nationales du Québec /
Bibliothèque et Archives Canada
Imprimé au Canada

*Suggérer, être porteur
de façon cachée de la direction,
c'est gérer de façon habile.*

TABLE
DES MATIÈRES

AVANT-PROPOS
À L'ÉDITION 2010
Quinze ans plus tard

Quand je relis aujourd'hui ce que j'ai terminé d'écrire en 1995 (en fait, plusieurs parties avaient été écrites bien avant), je réalise à quel point les fondements de ma pensée sont restés les mêmes. J'ai retravaillé le document de l'époque (coupé, réécrit), mais dans les faits, je n'ai pas eu vraiment à changer beaucoup le texte. Tout était déjà là. Depuis, je n'ai fait que poursuivre mes recherches et mes enseignements dans la même veine, en sachant que le monde universitaire, qui se veut «scientifique», n'aime pas le thème de la subjectivité.

Je veux donc remercier les personnes qui m'ont demandé de rééditer ce texte. Merci particulièrement à Francine Harel Giasson qui m'a suggéré, en 1995, le thème de «la subjectivité» pour ma leçon inaugurale: «C'est ton sujet de prédilection depuis des années. Pourquoi ne pas en traiter de façon publique et en allant au fond de ta pensée?», m'avait-elle dit.

Je n'avais jamais osé afficher devant mes pairs mes convictions profondes. J'étais issu du milieu artistique et je n'avais pas fait un lien explicite entre la gestion et l'art comme modes de recherche, de connaissance et d'expression. Former des artistes pour un métier de créateur ou d'interprète, et former des chercheurs à l'analyse sur les diverses disciplines artistiques sont deux choses très différentes. Les conservatoires de musique et d'art dramatique préparent des gens à faire carrière dans l'exercice d'un art. Le *casting* est très important à l'entrée. Donner des connaissances sur l'art à quelqu'un qui n'a pas «l'étoffe» d'un artiste ne va pas le «convertir», même s'il parvenait à réussir haut la main les examens portant sur les connaissances théoriques qu'on lui aurait transmises. Beaucoup d'appelés, mais peu d'élus; et le marché est impitoyable.

De même, avoir des connaissances sur l'action et la gestion peut ne pas déboucher sur la capacité d'agir et de gérer, sur l'intelligence dans l'action. Savoir beaucoup ne débouche pas nécessairement sur bien faire dans l'action. Avoir la «tête bien pleine», pour reprendre l'expression de Montaigne, ne garantit aucunement qu'on ait une «tête bien faite pour créer, agir ou gérer efficacement». Gérer est difficile et complexe. Là aussi, le *casting* est primordial, mais la société a beaucoup plus besoin de gestionnaires qu'elle a besoin d'artistes. Les organisations ont souvent peu de choix, et l'évaluation reste le point faible de la gestion.

Oui, les connaissances sont essentielles, voire nécessaires. Elles permettent un éclairage indispensable et un meilleur jugement. Mais des professeurs d'université qui s'adonnent à une recherche s'adressant à d'autres chercheurs, n'ont pas le même objectif que ceux qui font de la recherche visant à former pour la création et l'action. Ce n'est pas seulement une question de *casting* des gens qu'on veut former ; c'est aussi une question de méthode et de finalité. La méthode « scientifique » traditionnellement basée sur le modèle mathématique n'est pas adaptée.

Dans une école de gestion, le « conservatoire de gestionnaires » fait nécessairement ménage avec la dimension universitaire de la formation académique. Cette cohabitation entre la pratique de l'art et la recherche sur l'art ne peut faire autrement que de conduire à des tensions qui, même si elles peuvent être saines et productrices, peuvent aussi faire dévier de la formation en gestion, au profit de la recherche « académique ».

Je remercie tous ceux qui ont clamé que la gestion devait être « objective » ; que l'université devait se concentrer sur le développement et la transmission des connaissances. Je remercie aussi ceux et celles qui clament qu'il ne devrait pas y avoir de distinction nette entre recevoir des connaissances et apprendre. De telles affirmations n'ont fait que renforcer mes convictions, mon audace et mon assurance, et ce, malgré tous mes doutes. Former à agir est une mission très difficile, une mission impossible presque, qui ne nous permet pas de passer à côté de la «subjectivité».

Bonne lecture!

Laurent Lapierre,
Montréal, août 2010

Déroulement de la leçon

La leçon (Laurent Lapierre)	La contre-leçon (Tristan de La Plume)
1. Être un professeur ordinaire	1. Vivre aux limites
2. La subjectivité et le jugement	2. L'ambition et la dépression : le cas du professeur à vocation tardive
3. L'autorité, l'agressivité et la direction	3. L'autorité, l'argent et le temps : le cas du chercheur ordinaire
4. Une théorie de la subjectivité	4. Projection, projection, projection
5. La méthode subjective et les narrations	5. L'écriture, la littérature, la fiction, l'hypocrisie et la vérité
6. Ce qu'on cherche et ce qu'on trouve	6. Aimer et être aimé
7. Ordinaire, trop ordinaire	7. Ordinaire, trop ordinaire

ÊTRE UN PROFESSEUR ORDINAIRE
9 octobre 1994, 10 h 40
(dans mon studio)

La leçon inaugurale est un rituel auquel doit se soumettre le professeur qui a été promu titulaire. L'université, comme le théâtre, la musique et la danse, presque tous les arts en fait, est issue du religieux. On peut donc comprendre ce relent liturgique. Un rite étant une cérémonie réglée et invariable, ceux et celles qui veulent entrer dans le rang n'ont d'autre choix que de se soumettre à ce passage obligé.

Entendons-nous d'abord sur les mots et sur les réalités qu'ils désignent. Les leçons étaient, à l'origine, des textes des Écritures ou des Pères de l'Église qu'on chantait aux offices. À l'université, les leçons «ordinaires» étaient données par des maîtres, à l'*hora prima*, c'est-à-dire à 6 heures du matin. Les leçons «extraordinaires» étaient données l'après-midi par les professeurs débutants. Comme, à cette époque, on vivait à l'heure de la lumière du jour, on ne dit rien du genre d'enseignement qu'il y avait le soir ni du type de professeurs qui le donnait. Même si je suis un lève-tôt, je n'ai pas osé vous convoquer à 6 heures pour cette leçon inaugurale. Il s'agira donc d'une leçon inaugurale, donc ordinaire, donnée à l'heure des leçons extra-ordinaires.

Qu'est-ce au fait qu'une leçon? Plus près de nous, la leçon, c'est l'enseignement d'un professeur ou ce qu'un écolier doit apprendre. Avec l'usage, c'est devenu le conseil qu'on donne à une personne ou l'avertissement salutaire qu'on tire d'une erreur ou d'une mésaventure. Au sens étymologique, cependant, leçon vient du latin *lectio* qui veut dire «lecture». Cette leçon inaugurale sera donc une lecture que je donne, ou qu'on voudra faire soi-même d'un texte que j'ai écrit à titre de professeur. Il n'y aura pas de chant, pas de conseil et pas d'avertissement salutaire.

Quant à ce qui est inaugural, le dictionnaire nous dit que «l'inauguration» se rapporte à une cérémonie par laquelle on consacre et on livre au public un monument ou un édifice nouveau. Mon nom est Lapierre, mais je n'ai rien du monument. Dans «inauguration», il y a l'idée d'un commencement. Mais l'augure relève de l'observation et de l'interprétation des signes par lesquels on tire des présages et on juge de l'avenir. Si je comprends bien, en intitulant ce rituel «Leçon inaugurale», on me donne le message que ça ne fait que commencer et que je dois utiliser tout ce que j'ai fait jusqu'à maintenant uniquement comme le signe de ce que je vais faire. À mon âge vénérable, cela donne un coup de jeune.

Cette leçon est donc pour le professeur l'occasion de faire le point, de relire ce qu'il a écrit comme tremplin de départ et de livrer l'état de ses réflexions et de sa pensée. Dire ce qu'on pense, cela signifie oser aller plus loin, oser aller trop loin même ; dire son rêve, en planifier la réalisation et échafauder un projet pour le futur. Pour connaître, il faut s'aventurer, il faut aller vers des territoires inconnus qu'on ne sait pas encore nommer. On arrive dans une Amérique qu'on baptise autrement, les Indes, par exemple, parce que c'est là qu'on croyait arriver. C'est bien connu, on trouve inévitablement ce qu'on cherchait déjà. On connaît peu cette réalité, on ne la comprend pas encore et surtout on la nomme mal, mais elle est quand même découverte.

La leçon inaugurale est, selon le point de vue, le devoir ou le privilège du professeur titulaire. Être titulaire, cela signifie qu'on est en titre, qu'on a une fonction, une charge qu'on a recherchée et pour laquelle on a été personnellement nommé. Mais comme je l'ai mentionné plus haut, au tout début de l'université, on utilisait plutôt les expressions leçon ordinaire et professeur ordinaire. Tant qu'on n'était pas titulaire, on était un professeur extraordinaire. C'est tard dans la carrière seulement qu'on devenait professeur ordinaire.

Ordinaire vient du latin *ordinarius*. En latin impérial, *ordinarius* signifiait «rangé par ordre» ou «conforme à la régie et à l'usage». Napoléon savait ce qu'il faisait quand il a calqué le droit coutumier, l'ancêtre de notre code civil, sur le droit romain. Rome était l'empire de l'ordre. Mais en latin chrétien, ce «latin de cuisine» de l'ordinaire de la messe, des conciles catholiques et de l'université jusqu'à tout récemment (je rappelle que la majorité des diplômes universitaires sont encore écrits en latin), en latin chrétien donc, *ordinarius* signifiait «rattaché à une fonction»: un évêque ordinaire, l'ordinaire d'un diocèse, un chanoine ordinaire, un juge ordinaire, un médecin ordinaire, un professeur ordinaire. On est ordinaire quand on «remplit particulièrement une fonction».

Avec l'usage, ordinaire a fini aussi par signifier «qui est conforme à l'ordre normal, habituel des choses, sans condition particulière, dont la qualité ne dépasse pas le niveau moyen le plus courant». Ordinaire signifie aussi ce que l'on sert habituellement aux repas. Les ménagères de la génération de ma mère disaient qu'elles faisaient «leur ordinaire» lorsqu'elles préparaient les repas quotidiens. Devenir professeur titulaire, c'est donc devenir professeur ordinaire, probablement dans tous les sens du terme. Il est dans l'ordre des choses d'y arriver et y arriver, c'est se faire rappeler qu'on est ordinaire. Devenir ordinaire, enfin! Rentrer dans l'ordre.

Mais revenons à cette leçon. Étant donné ce que je suis et ce que j'ai fait, étant donné mes convictions, mes doutes, mes assurances et ma pensée la plus sentie, il est devenu *ordinaire* pour moi de voir deux facettes à la réalité: la réalité extérieure et la réalité intérieure, l'objectivité et la subjectivité, le manifeste et le caché, l'actualisé et le latent (ou le talent), le positif et le négatif, le conscient et l'inconscient, etc. Vous devinez où je veux en venir. Il me semble aller de soi qu'il ne peut y avoir de leçon sans qu'il y ait en même temps une contre-leçon.

Je ne conçois pas la contre-leçon comme le contraire de la leçon. Je ne vous proposerai donc pas une aventure intellectuelle de type dialectique comme celui d'un délire intellectuel bien connu. Je conçois plutôt la contre-leçon comme le contre-chant en musique, c'est-à-dire comme une phrase mélodique fondée sur les harmoniques du thème principal et jouée en même temps que lui. Le contre-chant relève du contrepoint, cet art de composer de la musique en superposant aux dessins mélodiques des motifs secondaires d'accompagnement qui mettent en relief le motif principal et qui ont leur réalité propre[1].

Dans cette leçon, l'extérieur, l'objectif, le manifeste, l'actualisé, le positif et le conscient sont présentés comme le motif principal et l'intérieur, le subjectif, le latent, le négatif et l'inconscient servent de contre-chant, mais ne vous laissez pas leurrer. En musique, ça ne demanderait pas un long travail au compositeur pour faire du contre-chant le thème principal, et réciproquement. Il en va de même pour cette leçon et sa contre-leçon. C'est suggestif, plus

---

1. Merci à Dominique Dorion pour son travail de recherche sur les mots «ordinaire», «titulaire», «chant», «contre-chant», «leçon», «vérité», «autorité», «agressivité», «liberté» et «inaugural». Source principale: *Dictionnaire historique de la langue française*, Robert, 1994.

subversif même, et probablement plus efficace. Le mode mineur passe plus facilement en contre-chant d'une mélodie écrite en mode majeur. Mais la subversion qui s'affiche est doublement subver-sive. On ne sait plus quelle est la véritable inten-tion. Quelles seront la véritable leçon et la véritable contre-leçon de ce texte? À vous de juger et de décider.

Le texte de la contre-leçon est une fiction, mais une fiction qui prend ses racines dans la réalité, comme toutes les fictions d'ailleurs. Depuis 1989, j'écris régulièrement sur des thèmes qui me préoc-cupent dans ce que j'ai appelé un cahier d'épreuves de ma pensée. Je l'ai intitulé *La Plume de vérité*. Rien de moins. La vérité est un programme ambi-tieux, impossible. Se donner à soi-même l'obliga-tion de vérité est tout un défi. Le faire par écrit, au moyen de sa plume, ajoute encore à la difficulté. Il y a plusieurs de ses pensées qu'on ne peut pas écrire parce qu'elles sont indicibles et d'autres qu'on n'ose pas écrire, parce qu'elles font peur, même si on sait qu'elles ne seront lues par personne. Mais on a beau déguiser la vérité, elle ressort toujours. Toute la contre-leçon est constituée de textes tirés de *La Plume de vérité*, retravaillés pour qu'ils soient plausibles dans la bouche d'un personnage fictif auquel j'ai donné le nom de Tristan de La Plume. Tristan pour faire le pendant de Laurent qui, comme Lauréat ou Laurier, vient des mots latins *laurus* et *laureatus* signifiant «laurier» et «couvert de lauriers», la particule pour contraster avec mes origines et mon parler paysans et «La Plume» pour prendre mes distances avec le côté lourd de la pierre. Tristan de La Plume donc. Ce person-nage n'est pas moi, bien qu'il soit conçu par moi, que nous soyons nés à la même heure et le même jour et que nous ayons fait le même parcours. C'est une «pure» projection. Pour une contre-leçon de gestion, cela me semble approprié.

Voilà, le premier acte est terminé, les éléments de la pièce sont maintenant en place. Au théâtre, après le premier acte, on sait généralement ce qui va se passer et comment la pièce va finir. Il nous reste à jouir ou à souffrir de la représentation de ce qui est annoncé. Les éléments de la pièce sont maintenant connus. Un professeur ordinaire va donner une leçon inaugurale ou plutôt une leçon ordinaire qui contient une partie de sa pensée. Il va la lire comme une leçon magistrale, ce qui constitue une première pour lui. Son *alter ego*, un personnage fictif, va communiquer en alternance une contre-leçon sur les mêmes thèmes, mais en mode mineur. La pièce va traiter de la subjectivité, de l'autorité et de la direction, sujets qui comprennent tout ce qu'il faut pour compliquer l'existence d'un professeur. Pour faciliter la distanciation entre la leçon du professeur ordinaire et la contre-leçon de son *alter ego* Tristan de La Plume, les textes de la contre-leçon seront lus par le comédien Guy Nadon. Il n'est pas là physiquement, mais son lutrin, son texte et son verre d'eau y sont. Vous l'entendrez et vos fantasmes vous feront imaginer le reste.

Les thèmes de la leçon seront dans l'ordre : Être un professeur ordinaire ; La subjectivité et le jugement ; L'autorité, l'agressivité et la direction ; Une théorie de la subjectivité ; La méthode subjective et les narrations ; et Ce qu'on cherche et ce qu'on trouve. Et ceux de la contre-leçon : Vivre aux limites ; L'ambition et la dépression : le cas du professeur à vocation tardive ; L'autorité, l'argent et le temps : le cas du chercheur ordinaire ; Projection, projection, projection ; L'écriture, la littérature, la fiction, l'hypocrisie et la vérité ; et Aimer et être aimé ; le tout se terminant sur un duo-solo intitulé Ordinaire, trop ordinaire. Mais l'ordre de présentation ou l'ordre de lecture sont, au fond, peu importants. L'ordre de la vraie vie, de l'action et du discours peut être multiple et ne s'embarrasse qu'artificiellement des hiérarchies et des ordres apparents.

Tout est prêt.

LL	Alors, merde ! Tristan de La Plume.
TdeLP	Merde à toi, Laurent Lapierre. Moi, je ne suis qu'une fiction, je n'ai pas le trac, alors que toi...
LL	On dirait que ce Tristan a l'expérience du théâtre et qu'il sait ce que c'est que d'avoir le trac. Mais au fait, est-ce que le trac n'est pas un type d'angoisse qui permet de dépasser ses limites ?

VIVRE AUX LIMITES[1]
6 octobre 1994, 20 h 20
(dans mon studio)

Les gens ambitieux, qu'ils soient artistes, politiciens, dirigeants ou professeurs, ont souvent l'impression de vivre aux limites de leurs capacités. Même la réalisation de projets importants, la reconnaissance et les succès les laissent plutôt insatisfaits. Comme ce n'est jamais assez, ils commettent des excès auxquels ils ne peuvent échapper, ce qui leur laisse parfois l'impression d'être des imposteurs et même assez monstrueux. Les confessions d'Albert Camus, dans *Le Premier Homme*, sont assez révélatrices

---

1. Pour bien démarquer leçons et contre-leçons, nous utilise-rons des polices de caractères différentes.

sous ce rapport. Plus près de nous, on pourrait citer Joseph-Armand Bombardier, René Lévesque, Marie Laberge, Robert Lepage ou Victor-Lévy Beaulieu.

On peut d'abord vivre aux limites de ses capacités physiques. Quand on travaille, on pousse parfois jusqu'à l'épuisement, jusqu'à la souffrance physique qui occasionne la fièvre ou le mal de gorge. On sent alors le besoin d'aller fréquemment se passer de l'eau froide au visage pour s'éveiller, se stimuler ou simplement se rafraîchir les idées. On lit ou on écrit dans son lit, la nuit tombée, jusqu'à ce qu'on succombe au sommeil, le livre nous tombant sur le visage ou le bloc-notes et le crayon nous glissant des mains jusque sur le sol.

On peut aussi vivre aux limites de ce qu'on peut endurer affectivement. L'avidité de vouloir tout connaître, tout voir et tout essayer provoque chez soi des niveaux d'angoisse très grands. C'est toujours insuffisant. Là aussi, on a l'impression de vivre aux limites, ce qui amène à accroître sa capacité d'accepter et de canaliser l'angoisse dans le travail, dans la réalisation de projets, qu'il s'agisse d'un projet de société, d'une entreprise, ou tout simplement de la construction de matériel pédagogique, d'articles théoriques ou de textes littéraires. Il est fort probable que ce soit surtout l'angoisse qu'ils éprouvent à ne pas travailler qui pousse les ambitieux avides à vivre aux limites de ce qu'ils peuvent supporter affectivement.

Vivre aux limites, c'est aussi forcer ses capacités intellectuelles. Ici, je ne veux pas parler de ce sentiment de manque ou de manque de talent qui habite les créateurs et avec lequel ils doivent vivre jusqu'à la fin de leurs jours. Je veux surtout parler de l'insatisfaction viscérale que ces gens-là éprouvent vis-à-vis des théories et des modèles existants ou à l'égard des idées reçues. C'est ce qui fait qu'ils poussent, jusqu'à leurs limites, certaines de leurs convictions. Ils sont forcés d'approfondir leur pensée, de la mettre à l'épreuve, d'examiner les phénomènes qui les passionnent ou de faire œuvre de création ou d'éducation par ce qui semble des méthodes d'éducation paradoxales. L'écrivain fait vivre à des personnages fictifs des situations qui le forcent constamment à explorer et à repousser les limites de son imagination au-delà du possible. Encore une fois, les gens qui vivent aux limites réussissent à obtenir reconnaissance et succès, mais ils sont obligés d'en faire toujours plus pour atteindre les limites de l'imaginable et de l'acceptable, vivant toujours avec un sentiment d'échec et celui d'une certaine déception.

Je n'ai rien contre la souffrance et le certain déplaisir qu'il y a à explorer l'inconnu et à pousser ses capacités jusqu'à leurs limites. Dans l'évolution des espèces, il n'y a pas eu de grandes mutations sans souffrance et même sans inélégance avant d'en arriver à un nouveau « naturel ». Il en est de même pour un individu. Toutes les mutations dans l'ordre du développement au cours de son existence s'accompagnent de souffrance. Changer de milieu social, acquérir une instruction importante, vouloir appartenir à une profession, vouloir détenir du pouvoir, apprendre à apprécier l'art, à faire partie d'une élite et à mieux jouir de la vie ne se font pas sans douleur. Mais cette souffrance et ce déplaisir momentanés poussent, provoquent l'individu ambitieux à ne pas abandonner, à progresser vers le haut et à acquérir des plaisirs plus raffinés, plus subtils.

Vivre aux limites est uniquement possible dans la mesure où on sent un minimum de sécurité matérielle et affective. On a besoin d'une organisation où on se sent suffisamment accepté pour oser remettre en question les *statu quo* et on a besoin d'une relation affective stable ou d'un foyer confortable et de l'appui d'une famille qui nous aime malgré certains aspects assez monstrueux de notre être. Je ne crois pas qu'on puisse être à la marge ou vivre aux limites partout. Peur? Oui. Ces gens-là ont peur de leur propre nature qu'ils mettent au défi et qu'ils poussent constamment à ses limites. Peur d'aller trop loin, peur de ne pas aller assez loin, peur d'échouer, peur de réussir. Anormal? Non. Sortir des normes, rien de plus normal pour les gens ambitieux. Pour eux, rester dans les normes est non seulement ennuyeux, mais peut même être jugé anormal.

LEÇON 2

LA SUBJECTIVITÉ ET LE JUGEMENT
29 décembre 1994, 10 h

La direction, qui est l'essence même de la gestion, est une pratique. Ce n'est pas une science et ce ne le sera jamais. On peut étudier ce phénomène en utilisant diverses méthodes scientifiques, on peut éclairer sa pratique de gestion des résultats de recherche valables qui permettent d'en mieux connaître certaines facettes. Il n'en demeure pas moins que les gens qui dirigent ne font pas de la science ; ils pratiquent un métier ou une profession.

En s'inspirant de la définition d'une pratique, on pourrait décrire la direction comme étant l'ensemble des décisions et des actions prises délibérément ou spontanément par un individu en poste d'autorité sur d'autres personnes afin d'amener cette collectivité à agir sur une réalité donnée et à atteindre des résultats désirés.

Une pratique, c'est subjectif. Ça s'apprend par l'action et par l'expérience, et ça se connaît par la réflexion qu'on fait seul en revenant sur sa propre expérience ou qu'on fait en profitant de l'expérience et de la réflexion des autres. Comme dans le cas de tous les apprentissages et des connaissances pratiques, le rôle du sujet est central. On apprend toujours seul, même dans le cadre de programme formel ou en compagnonnage, comme on assume toujours seul la responsabilité d'une direction, même quand on sait s'entourer, qu'on consulte, qu'on écoute ou qu'on délègue.

La subjectivité n'est pas un défaut. Pour Kant le premier, et pour les philosophes de la phénoménologie (Schopenhauer, Kierkegaard, Brentano et Husserl), la subjectivité, c'est le caractère de ce qui appartient au sujet, et spécialement au sujet **seul**. Le subjectif, en effet, c'est ce qui se rapporte au sujet plutôt qu'à l'objet. Notre subjectivité est donc ce que nous avons de plus personnel et aussi ce qu'il y a de plus spécifiquement humain en soi. La subjectivité n'est pas non plus, comme on le laisse entendre parfois, l'absence de règles ou de contrôles, l'irrationalité ou la négation de toute approche scientifique. Le *Robert* définit ainsi le terme «subjectivité»: «Faculté de l'esprit permettant de bien juger de choses qui ne font pas l'objet d'une connaissance immédiate certaine, ni d'une démonstration rigoureuse.» Le *Larousse*: «Qui varie avec le jugement, les sentiments, les habitudes [...]

de chacun.» La règle ou la raison, et dans le cas de la subjectivité, c'est le jugement; l'essence même de la gestion.

Réhabiliter la subjectivité, ce n'est pas nier l'importance de l'objectivité; au contraire même. Un dirigeant ne peut pas ignorer les faits concernant son organisation, les données financières, l'information portant sur son marché et l'environnement socioéconomique, les théories, les modes ou les modèles existants ou à la mode. Pour ce faire, l'intelligence formelle ou l'intelligence scolaire, celle de l'analyse et de la réflexion sont capitales. L'objectivité demeure donc l'aspect le plus important de la direction, mais ce ne sont pas les faits, les données financières, l'information sur le marché, les théories, les modes ou les modèles qui décident. C'est un **sujet agissant**, qui choisit et agit avec toute la complexité de son être.

Ce qui sert aux dirigeants dans l'action, c'est souvent une connaissance subjective, c'est-à-dire une connaissance qui met à profit l'intelligence de l'action plutôt que l'intelligence scolaire, la compréhension de ce qui arrive et de ce qui se passe plutôt que les explications ou les théories. Des gens d'action sont parfois incapables d'expliquer ce qu'ils font. On connaît tous des auteurs ou des dirigeants qui sont incapables d'analyser en détail ou en profondeur ce qu'ils font. L'auteur dit: «Lisez mon roman, tout est là.» Le dirigeant dit: «Observez-moi, voyez les résultats et laissez-moi travailler en paix.» Ils comprennent de façon pratique et subjective, ils ont l'intelligence de l'action; mais une forme d'intelligence scolaire, la capacité de rationaliser leur action, peut leur échapper. Il arrive donc qu'on puisse comprendre subjectivement ou inconsciemment des phénomènes qu'on n'est pas encore parvenu à expliquer de façon satisfaisante pour soi et pour les autres. On ne peut encore les nommer.

Il existe par contre des auteurs, des dirigeants, des chercheurs et des professeurs qui ont à la fois l'intelligence de l'action et l'intelligence scolaire. Ils sont à la fois capables de comprendre subjectivement et de traduire cette compréhension en action et capables d'élaborer des explications, même s'ils trouvent l'exercice difficile et frustrant. Ils estiment que la réalité de ce qu'ils font est plus complexe que les explications qu'ils en donnent. Pour reprendre mon analogie du contrepoint en musique, les harmoniques des contre-chants mélodiques de leur action sont plus riches que ce qu'ils peuvent entendre eux-mêmes et surtout que les transcriptions qu'ils peuvent en faire et que les théories qu'ils réussissent à échafauder.

Enfin, il y a des gens qui expliquent, apparemment avec beaucoup de facilité, ce que manifestement ils ne comprennent pas. On a tous, un jour ou l'autre, fait l'expérience d'avoir écouté une entrevue avec un auteur au cours d'une émission littéraire et d'avoir été ébloui par ses propos brillants. On achète le roman qui se révèle pitoyable, et la critique est unanime. On a affaire à un beau parleur. La même chose arrive parfois lorsqu'on rencontre un dirigeant ou un expert technocrate. Il nous fascine par ses théories brillantes, mais on découvre que rien de ce qu'il explique ne fonctionne «dans la pratique». Je n'ai pas besoin de dire qu'on connaît ce phénomène aussi à l'université. Des professeurs expliquent brillamment non seulement des phénomènes qu'ils ne comprennent pas mais aussi des théories qu'ils ne possèdent pas.

J'ai mentionné que la direction est une pratique et qu'elle s'apprend par la vie et l'expérience, sa propre expérience d'abord et celle des autres ensuite, et que cette pratique se fonde sur le jugement. C'est essentiellement sur le jugement que repose la direction, et le jugement se situe à la jonction de l'objectivité et de la subjectivité. Le dirigeant doit juger de ce qui se passe à l'extérieur de son organisation (l'économique, le social et le politique), juger des forces et des faiblesses de l'entité qu'il dirige, juger des personnes qui collaborent à l'atteinte des objectifs de son organisation et juger de sa propre contribution à la direction et à l'atteinte des résultats souhaités. Le jugement, à la jonction de l'objectivité et de la subjectivité, implique pour le dirigeant de répondre à la question délicate suivante : en quoi est-ce que je mets à profit la richesse de ma compréhension subjective et la dynamique de ma réalité intérieure pour régler les problèmes de la réalité extérieure plutôt que d'utiliser la réalité extérieure pour régler les problèmes de ma réalité intérieure[1] ?

Le jugement a d'abord une connotation juridique. L'ensemble des jugements rendus constitue la jurisprudence dont les juges s'inspirent d'ailleurs pour rendre leurs décisions. Jugement signifie aussi l'opinion qu'on porte, qu'on exprime sur quelqu'un ou sur quelque chose. Le jugement est l'acte de la

---

1. Cette façon de poser la question de la subjectivité m'a été communiquée lors des enseignements que j'ai reçus de Pierre Laurin.

pensée qui affirme ou nie, et qui ainsi pose le vrai ; plus largement, c'est le point d'arrêt d'un problème qui s'achève dans une décision ou dans l'action.

Soutenir que la direction est une pratique et qu'elle s'apprend par l'expérience, c'est donc préconiser une connaissance qui se base sur une approche inductive. C'est la jurisprudence de l'ensemble des praticiens de direction dont on s'inspire pour rendre de nouveaux jugements. C'est aller à l'encontre d'une approche normative et déductive qui consiste à préconiser que les jugements doivent s'appuyer sur un code écrit de lois ou des théories de la direction. Ceux et celles qui ont choisi l'approche d'un code et de la théorie font un travail valable. L'attrait en est très grand pour certains praticiens qui cherchent des lignes directrices codifiées et des réponses précises aux problèmes qui vont se poser. En optant pour l'approche subjective, j'ai plutôt choisi de ne pas écrire de codes parce que j'estime qu'ils sont dépassés avant d'être écrits et que chacun a la responsabilité d'écrire son propre code à partir de la jurisprudence de son expérience et des multiples «histoires» qui se présentent à lui. J'y reviendrai en traitant de la méthode subjective, mais il me semble que, dans la direction, il faut réhabiliter le subjectif, ce que nous apprend la vie ordinaire, le bon sens ordinaire qui repose sur le jugement ordinaire. Mais quelle place occupe l'ambition dans la subjectivité et le jugement ?

L'AMBITION
ET LA DÉPRESSION
Le cas du professeur
à vocation tardive
27 décembre 1994, 13 h
(dans mon studio)

Je ne sais pas ce qui pousse les gens ambitieux à courir après la puissance, la richesse matérielle, la connaissance, la reconnaissance ou la jouissance physique et psychique. Je sais par contre que je m'intéresse à ces personnes parce qu'elles me fascinent pour ce qu'elles sont et parce que c'est une façon d'en savoir toujours plus sur moi. Qu'elles soient plus ou moins angoissées ou à l'aise avec leur propre ambition m'importe peu. Ces variations permettent seulement de multiplier les facettes sous lesquelles on peut découvrir l'ambition. Derrière les efforts et l'ingéniosité déployés par les ambitieux, il doit y avoir une quête avide de bonheur. Et plus ils sont ambitieux, plus ils sont avides. Pourquoi alors se donner tant de mal? Pourquoi lancer une entreprise? Vouloir devenir riche? Vouloir devenir premier ministre? Vouloir faire l'histoire? Ou plus près du monde universitaire, pourquoi entreprendre des études de doctorat, pourquoi faire carrière de chercheur, une entreprise qui n'a pas de fin, mener plusieurs projets de recherche, publier des textes, préparer et donner de nouveaux cours ou de nouveaux séminaires? Laurent Lapierre a l'habitude de communiquer le fruit de ses recherches sous la forme d'histoires de cas. Je vais lui en servir une. Voici, tel qu'il m'a été raconté...

...le cas du professeur à vocation tardive

Quand je suis allé rencontrer Henry Mintzberg à son bureau de l'Université McGill, la première fois, je me suis arrêté sur le pas de sa porte. Il y avait là la photo d'un homme chauve qui lui ressemblait. Il portait des lunettes avec une grosse monture à écaille noire et on pouvait lire l'inscription suivante : « *Can a Ph.D. from M.I.T. find happiness?* » Je savais que Mintzberg, dont j'admirais les travaux, avait obtenu un doctorat du Massachusetts Institute of Technology (MIT) quelques années auparavant et qu'il en était sorti frustré, déçu. Il avait l'impression que la recherche universitaire passait à côté de la réalité de la gestion. C'est sur cette frustration qu'il a construit son œuvre. J'ai hésité avant de frapper et d'entrer parce que le message me disait que j'allais poser un geste qui changerait ma vie. Je sentais qu'un chercheur véritablement mû par la passion de découvrir reste toujours insatisfait. C'est ce que Mintzberg me laissait entendre en laissant cette inscription affichée en haut de sa porte. Il en était et il en est encore la preuve vivante. C'était un avertissement mi-sérieux et mi-humoristique qu'il fait encore à tout le monde. On devrait le prendre plus au sérieux. Heureusement, dans la vie, avant d'accepter des défis majeurs ou de se lancer dans des aventures importantes, on n'a pas pleinement conscience de ce dans quoi on s'engage ou on se plonge. Si on savait tout ce qu'implique lancer une entreprise, devenir dirigeant, se marier, avoir des enfants, faire un doctorat et devenir professeur de gestion, on abandonnerait certains projets avant de s'y lancer. J'imagine que si un professeur savait vraiment dans quoi il s'engage en décidant du titre et de la forme de sa leçon inaugurale, il ne la ferait jamais. Heureusement qu'il ne découvre son projet, comme on ne découvre la vie, qu'en cours de route.

Plus tard, la même passion de découvrir allait me conduire à entreprendre une psychanalyse, une autre décision qui allait changer ma vie de façon irrémédiable. Une fois qu'on a entrepris un tel voyage, la vie et la réalité ne peuvent plus être les mêmes ; il n'y a pas de retour en arrière possible. C'est comme apprendre à lire ; une fois qu'on sait, on ne peut plus jamais être analphabète. Quand on sait lire, on ne peut plus ne pas lire les mots qu'on voit[1]. Mais là encore, il n'y a pas de fin, la quête est infinie. On ne peut pas éliminer l'angoisse. On peut perdre certaines illusions, mais on ne guérit jamais d'être humain, ambitieux, avide et mortel.

La paranoïa (qui est le ressort de l'ambition) et la dépression (sa contrepartie inévitable) sont les deux mamelles de la réalité psychique et de la subjectivité. On n'a qu'à observer autour de soi pour constater chaque jour que c'est vrai. Ou mieux, on n'a qu'à regarder en soi pour vérifier que c'est vrai, chaque seconde. D'une part, on est plein d'enthousiasme constructif, ce qui est l'envers positif de la toute-puissance destructrice du fantasme. Je rappelle que le mot « enthousiasme » dérive du mot grec *theos* qui signifie « dieu ». Il n'y a pas plus paranoïaque que l'idée d'un dieu tout-puissant. D'autre part, la capacité de faire des deuils, c'est l'envers positif des sentiments de culpabilité, d'impuissance, d'indignité et d'imposture caractéristiques de la dépression. C'est la descente aux enfers de ceux qui ont voulu « devenir comme des dieux », comme il est écrit au commencement de *La Genèse*.

Les gens font des dépressions parce qu'ils se font d'eux-mêmes une image tellement grandiose qu'elle est inaccessible et qu'ils finissent par croire qu'ils ne valent rien. Ils se déprécient en paroles, mais en fait, ils pensent tout le contraire de ce qu'ils disent. Ils se prennent encore pour des dieux, mais la réalité trop humaine étant impossible à supporter, forcément ils dépriment.

---

1. Merci à Jacqueline Cardinal qui m'a communiqué ces réflexions de Françoise Dolto.

L'ambitieux réaliste et serein continue de travailler très fort pour atteindre les sommets qu'il vise, mais il ne perd pas son sens de l'humour par rapport à ses limites, ses défauts ou ses manques. On comprendra cependant que pour un ambitieux avide, il n'est pas facile d'être réaliste et serein. Ce n'est jamais assez et il éprouve forcément une angoisse dépressive. C'est pour cette raison qu'accepter d'être dépressif par moment constitue un progrès énorme dans l'évolution psychique de la personne. L'acceptation de ce fond dépressif conduit au réalisme et au véritable savoir, donc à un meilleur jugement. C'est le meilleur antidote contre le délire et contre la dépression. C'est beaucoup mieux et moins dangereux que les illusions de la paranoïa (le fantasme de la toute-puissance qui se retourne contre soi) et celles de la schizophrénie (rester déconnecté de sa réalité psychique et par le fait même de la réalité extérieure), deux types d'illusions présents partout et particulièrement à l'université.

L'AUTORITÉ, L'AGRESSIVITÉ ET LA DIRECTION

5 janvier 1995, 10 h
(dans mon studio)

La subjectivité est un concept plutôt abstrait, mais chacun de nous peut en prendre conscience et parler de sa propre subjectivité qui embrasse à la fois tout ce qui est commun à l'humanité, avec des modalités et à des degrés qui varient : le désir, le plaisir, l'amour, l'ambition, le travail, le dégoût, le malaise, les «bleus», la souffrance, la haine, etc., et ce qui est le plus spécifiquement soi-même. Mais des constantes reviennent dans la pratique. Chaque profession fait différemment appel à la subjectivité. L'aspect de la subjectivité qui est une constante pour les dirigeants, c'est l'autorité. Par essence, un dirigeant est quelqu'un qui a eu l'ambition affirmée ou confirmée d'occuper un poste d'autorité et qui désire le conserver. Qu'est-ce que l'autorité, comment la subit-on et comment l'exerce-t-on? Quel type d'angoisse fait-elle naître chez ceux et celles qui la subissent ou l'exercent? Quel est son statut aujourd'hui?

L'autorité fascine et inquiète. Elle est impopulaire à notre époque. C'est elle qu'on a accusée de brimer les enfants et de les empêcher de s'épanouir et de se réaliser, avec comme résultat que les parents n'osent plus **élever** leurs enfants. La chose se poursuit à l'école, où les enseignants semblent avoir perdu toute autorité au profit du droit des écoliers, dans les organisations, où diriger et faire preuve d'autorité sont perçus comme vieux jeu et suspects, et dans la société en général où la structure politique prévoit non seulement une opposition officielle, mais subventionne de nombreux groupes de pression organisés qui obtiennent une grande couverture des médias pour dénoncer les autorités en place.

Dans la société occidentale, l'autorité et les figures d'autorité n'ont pas la cote d'amour dans les milieux intellectuels, particulièrement dans les milieux de formation et dans la plupart des organisations qui emploient des professionnels. À l'université par exemple, les personnes en poste d'autorité ne sont pas bien vues. L'autorité y est mal portée par les personnes qui ont à l'exercer mais surtout par ceux et celles qui ont à la subir. Il n'est pas impensable que le choix de la carrière universitaire explicitement motivé par la recherche, le développement de la connaissance et l'enseignement soit aussi implicitement motivé par le désir d'échapper à toute forme d'autorité. Une grande autonomie et la liberté académique deviennent alors des biens fort précieux. On peut être intellectuellement très fort, et être en même temps affectivement très inquiet et se sentir menacé par toute forme d'autorité. On érige alors au rang de vertu tout ce qui s'oppose à l'autorité établie. Permettez-moi une digression.

Certains ne peuvent vivre que des amours platoniques, c'est-à-dire des amours purement idéales et théoriques. Ce qu'ils aiment, c'est l'idée de l'amour. Les amours à distance meurent ou donnent lieu à des correspondances enflammées. Le personnage de Cyrano d'Edmond Rostand en est une parfaite illustration et c'est pour cela qu'il est si charmant et si séduisant. S'il avait fait vivre réellement son personnage avec Roxane et s'il avait eu des enfants avec elle, Rostand n'aurait pas pu lui faire écrire ses lettres enflammées. Si Roxane avait vécu avec Cyrano et avait eu des enfants avec lui, elle aurait abandonné sa recherche d'un amour courtois et précieux, et n'aurait pas pu lire les lettres de Cyrano sans éclater de rire ou elle les aurait appréciées pour ce qu'elles étaient : l'amour «d'une idée de l'amour». La différence entre la poésie et la vie est du même ordre que celle qui existe entre le fantasme et la réalité. Le véritable amour est nécessairement réaliste, mais qui ne garde pas le goût ou la nostalgie d'un amour romantique?

De la même façon, des professeurs ne peuvent parler de l'autorité que de façon platonique, c'est-à-dire d'une autorité purement idéale et théorique. Ils sont séduits et charmés par l'idée de l'autorité qu'on idéalise ou qu'on méprise, deux revers du même sentiment. Si ces personnes avaient occupé, avec une obligation de production pour survivre, un poste d'autorité pendant quelques années en ayant à diriger du vrai monde, c'est-à-dire des personnes loyales, dévouées et compétentes, mais aussi des personnes déloyales, mesquines et incompétentes, elles auraient pu réaliser qu'exercer l'autorité est difficile et leurs écrits seraient plus réalistes et plus vrais. Mais qui ne garde pas le goût d'une autorité romantique?

L'autorité n'étant populaire ni auprès des supérieurs ni auprès des subordonnés, il peut être relativement facile de faire confirmer une théorie qui soutient que moins il y a d'autorité, plus les gens sont responsables, plus ils produisent et plus ils sont heureux. On préconise que le dirigeant n'ait pas à diriger ou que diriger soit suspect. On invite le dirigeant, directement ou indirectement, à vider sa tâche de son pouvoir, sous prétexte que l'autorité hiérarchique est dépassée et qu'elle brime les employés. On prétend que le dirigeant n'aurait qu'à mettre en place des processus ou des rituels de participation, à créer ou à commander une culture participative ou à prêcher la qualité totale, la réingénierie du processus, la gestion éthique, la saine gouvernance ou la dernière recette à succès pour que son organisation atteigne une haute performance. On vante les mérites du travail en équipe et la gestion par réunions en faisant semblant de tenir compte des suggestions de tout le monde et en entretenant l'espoir et l'illusion que la recette conduira aux résultats anticipés et que l'organisation sera concurrentielle.

On sait que si les organisations du monde des affaires fonctionnaient de cette façon, leur survie serait loin d'être assurée. Encore que les dirigeants qui ont vraiment de l'autorité n'ont pas besoin de le montrer, qu'ils n'ont pas peur de consulter, ce qui pourrait confirmer en apparence qu'on n'a pas besoin d'autorité pour diriger. Loin de moi l'idée qu'une université devrait être dirigée comme une entreprise de production de masse, pas plus qu'une entreprise de production de masse devrait être dirigée comme une université ; mais peu importe le milieu où ils agissent, les dirigeants qui exercent leur métier de façon intelligente, sensible et respectueuse des qualités et des contributions de chacun n'abdiquent pas leur autorité et ils n'ont pas besoin de la camoufler derrière les rituels et les nouveaux slogans.

Le dirigeant qui n'exerce pas son pouvoir légitime, soit au nom d'une idéologie ou d'un idéal, soit par désir d'être à la mode et de plaire, soit par incapacité d'assumer **la saine agressivité nécessaire** à la vision et à l'exercice de la direction, se coupe du respect de ceux et celles qui s'attendent à le voir se comporter de façon responsable. L'absence de direction est une invite aux jeux de pouvoir, à la politicaillerie et aux luttes intestines, où s'en donnent à cœur joie les ambitieux invétérés, plus intéressés à la griserie ou aux attributs du pouvoir qu'à la poursuite de la finalité de l'organisation et à sa performance optimale. Ces jeux de pouvoir, cette politicaillerie et ces luttes intestines sont fréquents dans les facultés universitaires et au sein des organisations de professionnels.

Je viens d'affirmer que proposer une vision originale et exercer la direction, c'est faire preuve de saine agressivité. En quoi l'autorité, l'agressivité et la direction peuvent-elles être reliées? Si traiter de l'autorité peut être suspect, que dire alors de l'agressivité? En français, agressivité a la connotation péjorative associée aux agressions et à la violence, connotation moins présente en anglais où *agressive* est fréquemment utilisé dans les écrits en gestion pour signifier «dynamique» ou même «audacieux».

Quelles que soient les cultures dans lesquelles on est élevé et nos différences individuelles, l'agressivité est une dimension et une qualité fondamentales de tout être vivant, et dans le cas de l'être humain, de sa personnalité. Non seulement il n'y a pas d'autorité, donc pas de direction, de leadership ou d'enseignement sans agressivité, mais il n'y a pas de vie, pas de connaissance, pas de pensée et pas de réalisation de soi et de ses rêves sans elle. Le mot «agressivité» vient du latin *adgredi*, qui signifie «aller vers», «entreprendre», «aborder». Dans une acception large, on définit l'agressivité comme étant «l'énergie, l'esprit d'entreprise, le dynamisme d'une personne qui s'affirme et ne fuit pas les responsabilités[1]». Pour le dirigeant, proposer une vision, donner une direction, vouloir changer la société et gouverner, c'est non seulement occuper un poste d'autorité, mais c'est faire preuve d'une saine agressivité dans le sens «d'aller vers», de «marcher», d'«entreprendre». Pour les parents et

---

1. Norbert Sillany (1980). *Dictionnaire de psychologie*, tome 1, Paris, Bordas, p. 34.

les enseignants, élever, éduquer, instruire, guider, c'est aussi faire preuve d'agressivité. On donne le sens et la direction à suivre.

L'agressivité dont il est question ici n'est plus sauvage ou primitive. Elle est éduquée, domestiquée, civilisée, mais elle demeure réelle. Il n'y a pas de grandes réalisations, pas d'organisation ni de société possible sans une acceptation de l'agressivité de la part des gens qui sont en poste d'autorité et de la part des gens qui vivent ou travaillent sous cette autorité.

On voit donc que je fais une distinction très nette et profonde entre, d'une part, l'agressivité saine et nécessaire à la vie et, d'autre part, la violence et les agressions verbales ou physiques qui sont des réactions d'impuissance à l'incapacité d'exprimer sainement son agressivité. La mère qui crie ou le père qui bat ses enfants au point de les blesser physiquement ou psychiquement sont des manifestations d'impuissance à exprimer sainement l'agressivité inhérente au fait d'élever ses enfants. Le patron qui manipule ses employés en jouant la victime ou en utilisant la carotte ou le bâton sont d'autres manifestations d'impuissance à exprimer sainement l'agressivité inhérente au fait de diriger. Le chef du gouvernement qui s'impose par la force avoue son impuissance à proposer et à faire accepter un projet de société par la communauté qu'il dirige. Dans chacun des cas, l'exercice de l'autorité n'exclut pas le recours à des habiletés politiques d'éducateur, de dirigeant ou de chef d'État. Diriger, c'est être capable de vivre avec le conflit et les rapports de force sans être paralysé. Nier la nécessité d'avoir recours à de telles habiletés, c'est entretenir le fantasme de la toute-puissance, une façon de rester dans l'impuissance. Mais est-ce qu'en fantasme, on ne s'oppose pas tous à l'autorité?

L'AUTORITÉ, L'ARGENT
ET LE TEMPS
Le cas du chercheur
ordinaire
12 avril 1991, 15 h 15
(dans mon bureau à l'École)

J'ai bien entendu ce que vient de lire le professeur ordinaire, et comme je suis le porte-parole de
la contre-leçon, de ce contre-chant sur le mode
mineur, je voudrais ajouter un bémol. Moi, Tristan
de La Plume, je suis fort heureux de vivre à l'heure
de l'automobile, de l'avion, du chauffage central,
de la télécommunication, du téléphone, de l'ordi-
nateur et du traitement de texte, de la vidéo, des

disques au laser et de l'Internet. Jamais je ne rêve de retourner au Moyen Âge de Tristan et Iseult ou au XVIIe siècle de Tristan L'Hermite. Même pas à la première moitié du XXe siècle de Tristan Tzara. Je plains les autres Tristan pour ce qu'ils ont eu à vivre. Cependant, l'autorité, l'argent et le temps demeurent trois réalités inexorables de l'existence, des contraintes et des contrôles inéluctables avec lesquels j'arrive mal à composer. J'ai de la difficulté à faire les choses en leur temps. Certaines échéances sont difficiles à rencontrer et je travaille selon des horaires à contretemps (pendant les heures de repas, le soir, les fins de semaine). Les questions d'argent, surtout lorsqu'il s'agit de négocier, de demander ou de donner, m'occasionnent toujours un trouble. Enfin, l'autorité, qu'il s'agisse de la subir ou de l'exercer, s'accompagne toujours d'angoisse. Dans mes réactions à ces trois composantes de la réalité, je retrouve toute ma difficulté à accepter la réalité telle qu'elle est. Lors d'un dîner avec un professeur dont je suis très proche, je lui ai fait part de mes réflexions sur ces trois questions du temps, de l'argent et de l'autorité. Il savait que mon intérêt pour ces questions m'était venu de la psychanalyse et j'ai réalisé qu'il n'était pas non plus un néophyte en la matière. Ce professeur, qui passe pour être toujours ponctuel, discipliné, productif et respectueux de l'autorité, m'a fait les confidences suivantes. Il est célibataire, travaille selon ses propres horaires et a la réputation d'être «spécial». Je n'ai pas pris de notes pendant le repas, mais immédiatement après, j'ai tenté de transcrire, à la première personne et le plus fidèlement possible, ce qu'il m'a raconté.

Le cas du chercheur ordinaire

Sur le temps

J'ai parfois des réactions très ambivalentes vis-à-vis du temps, m'a-t-il dit. Ou bien je m'y conforme totalement, ou bien je résiste par tous les moyens possibles à son emprise. Je respecte fidèlement **les horaires** de cours, mais souvent en m'obligeant à travailler sous pression dans l'heure ou les minutes qui précèdent mon entrée en classe. Il m'arrive d'oublier une réunion ou d'être en retard à un conseil ou à une assemblée. C'est la même chose avec les horaires de cinéma ou de théâtre. Il m'arrive souvent d'avoir à conduire rapidement pour arriver à l'heure ou à avoir littéralement à courir du stationnement à la salle de spectacle parce que je me suis donné un laps de temps trop court. Ma réflexion consciente est la suivante : si j'établis des horaires serrés, je pourrai alors faire plus de choses. En fait, le seul résultat est de me forcer à agir sous pression, à rendre désagréable ce qui autrement aurait pu être agréable. Dans les faits, je perds du temps avant ou après. Je retrouve donc ici le principe anti-plaisir sous-jacent à une grande part de l'action humaine.

J'aime **prendre du temps** pour tourner autour d'un sujet difficile, pour l'apprivoiser, pour y réfléchir ou carrément pour l'éviter. Il m'arrive de ne pas toucher à un travail promis ou urgent surtout s'il y a de l'inconnu, ou si je ne me sens pas en contrôle du sujet. À l'expérience, il s'avère souvent que le travail est moins difficile que je ne le croyais et que son exécution m'a procuré du plaisir. C'est plutôt le fait de l'avoir réalisé, de l'avoir terminé qui me procure du plaisir. Il n'en reste pas moins que je prends du temps, que je tourne autour du pot, que je «niaise», comme on dit familièrement. J'ai cette approche avec des travaux qui sont significatifs pour moi, mais il arrive aussi que la même chose se passe avec des activités triviales, comme payer des factures ou préparer des formulaires de remboursement. Il m'arrive de mal remplir le formulaire ou de le remettre après la date requise. J'arrive difficilement à agir en faisant la distinction entre le temps de réflexion et de cogitation utile à tout travail de création et ce qui relève de la pure procrastination (remettre à plus tard pour le plaisir – ou l'anti-plaisir – de tourner autour du pot).

J'évalue mal ce qu'on peut produire au cours d'une période de travail. C'est un peu comme si je perdais la notion du temps de travail, comme si je ne savais plus ce que représente une heure, deux heures ou trois heures. Je fais face à ce problème surtout en ce qui concerne le travail intellectuel, mais c'est la même chose partout. Quand je ne suis pas concentré sur mon travail, il m'arrive de trouver que le temps passe lentement et que je pourrais faire beaucoup plus au cours de cette période. Par contre, lorsque je suis très concentré, le temps passe très (ou trop) vite. Je laisse passer des périodes à ne rien faire sous prétexte que ça ne vaut pas la peine de me mettre au travail pour si peu de temps. Enfin, je consacre ou je perds de belles heures de travail à des activités futiles qui permettent de «passer le temps». Chaque fois, j'en éprouve de l'angoisse.

Sur l'argent

L'argent est une autre réalité inexorable de la vie en société avec laquelle j'ai de la difficulté à composer. Quand je me fais voler, par exemple, quand j'ai à négocier des honoraires et que je me sens lésé, quand je reçois un état de compte dont le montant est élevé, quand j'ai à débourser un montant non prévu ou quand je gagne facilement des honoraires importants, j'éprouve un malaise. Mon malaise avec l'argent est presque toujours accompagné de réactions psychosomatiques (transpiration, lourdeur dans les jambes, maux de tête...).

L'ambivalence que j'éprouve avec l'argent fait que je me sens parfois généreux et parfois mesquin. Je suis plutôt prodigue pour les gros montants et radin pour les petites sommes (les pourboires par exemple). Malgré ma condition financière moyenne, je suis porté à me comporter « comme si » j'étais riche ou « comme si » j'étais pauvre. En voyage, il faut que je sois prudent avec ma tendance à ne pas regarder à la dépense. C'est encore une façon de ne pas accepter la réalité. Je voudrais être riche, mais je ne suis pas prêt à faire ce qu'il faut pour le devenir.

Ma réaction affective à l'argent en est une de détachement apparent. Dans les faits cependant, chaque fois que j'ai à en donner ou qu'on m'en réclame, je me comporte comme si on m'arrachait une partie de moi-même, comme si on m'arrachait un bien précieux. Je connais toute la théorie des fantasmes enfantins au sujet de l'argent (fèces, or, enfants) et je sens qu'il y a là une grande vérité pour moi.

Sur l'autorité

Enfin, j'ai toujours eu de la difficulté à accepter toute forme d'autorité. Tout ça a commencé avec l'autorité parentale. Ensuite, ce fut l'autorité de mes instituteurs et les autorités religieuses. Je me suis toujours opposé (inconsciemment) à l'autorité, même si la plupart du temps, ce fut indirectement. Je constate chez moi plusieurs façons de m'opposer à la réalité.

L'autorité hiérarchique me rend ambivalent. Je me place souvent dans des conditions pour passer à côté en faisant en sorte d'être traité comme une exception, mais en même temps, je suis prêt à pourfendre ceux et celles qui ne se soumettent pas à l'autorité. À l'école, j'ai toujours eu de la difficulté à accepter les règles de grammaire. Je pouvais les apprendre, mais j'arrivais difficilement à les appliquer sereinement et naturellement. C'est encore la même chose aujourd'hui. Je suis souvent contrevenant aux règlements de la circulation. Comme piéton, je n'attends pas le signal pour traverser la rue, comme chauffeur, je dépasse les limites de vitesse, je n'attache pas toujours ma ceinture de sécurité, je ne fais pas tous les arrêts indiqués en immobilisant complètement mon véhicule, je ne respecte pas (ou même je ne vois pas) les signalisations qui défendent les virages, le doublage, etc. Toujours des délinquances mineures ou anodines.

Dans mon travail professionnel, j'ai beaucoup de difficulté à accepter les contraintes d'un plan de travail, par exemple. Je ne peux souscrire aux lois reçues de la recherche scientifique et aux méthodes de recherche usuelles. Il y a des raisons objectives pour ce refus, mais surtout des raisons subjectives.

J'ai aussi beaucoup de difficulté à accepter les normes officielles ou officieuses d'un groupe. Ces autorités occultes me dérangent.

Voilà transcrits, le plus fidèlement possible, les propos de mon ami.

J'étais étonné, mais pas surpris. Ce qu'il me racontait était extérieurement et objectivement faux pour ce que je pouvais en observer, mais, pour lui, c'était intérieurement et subjectivement vrai. Il me racontait tout cela avec beaucoup d'humour. Il s'amusait de sa propre procrastination. Il se payait sa tête et en éprouvait un grand plaisir. Mon admiration pour lui en devint encore plus grande. Mon ami est un homme ordinaire, un homme révolté. Il a l'ambivalence des gens qui doutent et qui cherchent, mais ça ne l'empêche pas de vivre, d'écrire et de produire.

Malgré les sentiments d'infériorité qu'on peut éprouver et la conscience de ses limites et de sa vulnérabilité, on désire profondément être traités comme quelqu'un d'unique, d'exceptionnel. Tous les êtres humains veulent être traités comme des gens exceptionnels, donc des gens qui, dans une certaine mesure, échappent aux normes et aux règles de l'autorité. C'est particulièrement vrai des gens ambitieux. Il y a quelque chose de profondément humain dans la révolte. La révolte est saine et nécessaire à l'épanouissement de la personne. Encore une fois, c'est par le jugement qu'on peut distinguer s'il s'agit d'une révolte «névrotique» ou d'une révolte «normale», étant entendu que toute révolte conserve une composante des deux. Il y a quelque chose d'avilissant et d'humiliant dans le fait de respecter des hiérarchies pour elles-mêmes. Ce n'est pas par hasard qu'on valorise autant la liberté. Les systèmes de pensée, les systèmes religieux et les systèmes politiques nous agressent. Trop souvent, ils sont utilisés par de «petites gens» pour assouvir leur soif de pouvoir. Être libre, c'est vivre à la marge et même transgresser des contraintes, des procédures et des règles. Penser, c'est aller à l'encontre du *statu quo*. Vive la saine révolte! Une révolte sous contrôle, qui veut savoir, qui crée et qui produit.

UNE THÉORIE DE LA SUBJECTIVITÉ

10 janvier 1995, 7 h 30
(dans mon studio)

À part la philosophie, c'est la psychanalyse, une science d'interprétation, qui s'est donné spécifiquement pour tâche d'étudier la subjectivité. Je ne vais pas faire un exposé sur le développement de ce mode de connaissance de soi ni sur les différentes écoles de pensée qu'on y rencontre ni sur la psychanalyse comme thérapeutique. Le mouvement psychanalytique, comme toute faculté universitaire, n'est pas exempt de conflits, de guerres de chapelle ou de querelles de clocher. Le modèle religieux persiste non seulement à l'université ; mais il perdure aussi au sein du mouvement psychanalytique, même si Freud a prétendu que la religion était une illusion sans avenir. La psychanalyse contribuant à lever des inhibitions, ce qu'il y a de plus profondément humain dans une communauté de chercheurs devrait donc y être exacerbé, et c'est ce qui se produit.

En se basant sur leur propre subjectivité, sur la subjectivité des nombreux patients rencontrés dans leur travail clinique et sur l'observation de la vie quotidienne, ces praticiens de la psychothérapie s'entendent généralement sur l'existence d'un modèle conflictuel du développement et du fonctionnement psychiques, et de la nature humaine en général en trois volets[1].

Premièrement, il existe chez les êtres humains deux pulsions naturelles ou sauvages : une pulsion destructrice qu'on nomme aussi pulsion de mort et une pulsion créatrice généralement appelée pulsion de vie. Ces deux pulsions dérivent de notre lien avec la nature et sont ancrées dans la vie organique. Elles sont à l'origine de nos désirs et de notre énergie. Fondements de la partie animale de notre être, elles sont à la base aussi bien de notre affectivité que de nos façons de connaître, de penser et d'agir. On connaît et on agit par et dans son corps. Même si les désirs de créer, de vivre et de donner la vie peuvent nous sembler les seuls (ou les plus) souhaitables, l'observation des individus

---

1. Les paragraphes qui suivent sont tirés en grande partie de «Affectivité, défenses et leadership» (1993), dans Laurent Lapierre et Veronica Kisfalvi, *Imaginaire et leadership*, tome 2, Montréal, Québec/Amérique et Presses HEC, p. 701-708.

pris isolément ou dans une vie sociale, prouvent tous les jours que les désirs de détruire, de tuer et de mourir existent dans la nature humaine, tout comme ils existent chez les autres animaux et dans la nature en général.

La réalité psychique

TROIS VOLETS DE LA RÉALITÉ INTÉRIEURE	
Pulsion de destruction	Pulsion de création
■ pulsion de mort	■ pulsion de vie
■ destructivité	■ créativité
Le fantasme	Le réalisme
■ la toute-puissance	■ le différé, le relatif
■ le principe du plaisir	■ le principe de la réalité
L'inconscient	Le conscient
■ les pulsions animales	■ le fantasme est un fantasme
■ le refoulé	■ la pensée et l'action

Deuxièmement, notre vie intérieure oscille aussi constamment entre le fantasme et la réalité objective. Dans notre esprit, le mode fantasmatique et le mode réel coexistent tout au long de la vie, mais au cours du développement normal, nous passons d'un mode où prédomine le fantasme à un mode où prédomine le réalisme. L'imagination est une faculté innée. Avant d'être confronté à la réalité, notre cerveau est sous l'emprise de «la folle du logis». Au cours du développement, l'imagination pourra être inhibée ou canalisée dans des créations, des innovations et des productions, mais dans le monde enfantin du fantasme, sous l'emprise de la toute-puissance, le sujet veut tout, il le veut tout de suite et il veut être tout seul. Le bébé crie et les parents accourent. Il y a des parents, des dirigeants et des professeurs qui ont gardé ostensiblement la nostalgie de cette façon d'exercer le pouvoir. On les entend parfois crier. Vouloir toute la puissance, toute la connaissance, toute la science et toute la richesse, tout le pouvoir ou toute la sagesse, c'est cela le principe du plaisir correspondant aux fantasmes les plus archaïques des êtres humains : vouloir tout le lait, toute l'attention ou toute l'affection de sa mère. Le mécanisme de la projection est étroitement associé au fantasme et le mécanisme de l'introjection, celui par lequel on appréhende et intériorise la réalité telle qu'elle est, nous conduit au réalisme.

Enfin, le troisième volet de la subjectivité a trait au conflit entre l'inconscient et le conscient. Il y a deux composantes à l'inconscient, soit les pulsions sauvages ou naturelles et ce qui a été refoulé dans le processus d'éducation. D'une part, les pulsions échappent en partie à notre capacité de prise de conscience. Les forces de la nature nous poussent sans que nous en ayons pleinement conscience. D'autre part, le refoulement est lié à ces pulsions sauvages. Être élevé, éduqué et civilisé, c'est nécessairement refouler sa nature sauvage pour adopter des comportements acceptables en famille et en société. Il n'y a pas d'éducation ou de socialisation sans frustration. On mémorise ce qui est acceptable à sa famille et à la société, mais le «vernis» de l'éducation et de la civilisation, acquis par le refoulement, ne fait jamais disparaître sa nature sauvage ; la «bête» n'est jamais très loin et demeure bien vivante en soi. Les pulsions animales (détruire et créer) et le fantasme (être tout) font partie de notre inconscient auquel s'ajoute ce que notre éducation nous a forcés à refouler. On a beau valoriser la pulsion de création, le réalisme et le conscient, la pulsion de destruction, le fantasme et l'inconscient font partie de la nature humaine.

La partie héréditaire de notre personnalité (l'énergie de nos pulsions et la qualité de notre vie fantasmatique) est enrichie par les relations que nous avons eues avec les premiers objets d'amour et les premières figures d'autorité de notre existence. Cette hérédité nous est transmise par des parents qui ont une existence et des agissements «réels». Pour chaque individu, l'hérédité, ce n'est pas la nature en général, la nature humaine ou une socio-culture. C'est une mère et un père biologiques avec qui on entre en relation. Ce sont ces relations, la tonalité affective avec laquelle elles ont été vécues et les images qu'on en a gardées intérieurement qui façonnent notre subjectivité.

Ces images intériorisées ne sont pas toute la vie psychique, mais elles en sont les racines et le fondement. On porte ses parents en soi, et c'est pour la vie. On porte leur histoire qui devient la base de sa propre histoire. On conserve aussi en soi la tonalité affective de la relation qu'on a eue avec eux. On porte leurs enthousiasmes, leurs découragements, leurs joies et leurs peines, leurs espoirs et leurs déceptions, leurs amours et leurs haines, etc. Plus proche du propos de cette leçon, on porte en soi leurs façons de composer avec l'autorité qui devient la base de sa propre façon de composer à son tour avec l'autorité. Ce sont les relations qu'on entre-tient à l'intérieur de soi avec ces images internes,

toujours vivantes en soi, qui déterminent en grande
partie les relations d'autorité que nous avons avec
les gens de notre entourage.

À qui s'oppose-t-on quand on sent constamment le besoin de confronter les figures d'autorité ?
À qui se soumet-on quand on est servile envers les
gens qui détiennent le pouvoir ? À quelle dynamique intérieure obéit-on quand sa façon de conce-
voir les relations supérieurs/subordonnés est du
type domination/soumission ? Qui méprise-t-on
quand on méprise ses patrons ou ses subordonnés ?
De quelles figures d'autorité tyranniques est-on à
la merci quand, sans raison objective, on se sent
coupable, indigne ou imposteur d'occuper un poste
d'autorité ou d'y réussir ? Quelle figure d'autorité
hostile une personne détruit-elle en elle-même
lorsqu'elle se suicide ? Dans les rapports d'autorité,
il n'est pas toujours facile de déterminer si on réagit
à la personne réelle qui est en poste d'autorité ou à
l'image intériorisée d'une figure d'autorité de son
enfance qu'on projette sur l'autorité présente.

Cette conception de la vie intérieure comme
fondement de la subjectivité est une théorie, même
si elle s'appuie sur des données cliniques. Il s'agit
d'une induction et d'une construction. On n'observe pas les pulsions, les fantasmes, l'inconscient
et les images intériorisées. Ce sont donc des réalités
induites par l'imagination du chercheur, comme les
concepts d'intériorité et de subjectivité. Toutes les
théories sont des réalités induites, des projections,
des représentations qu'on se fait de la réalité ; des
fictions en fait. Non seulement les dirigeants, mais
le monde ordinaire savent bien que les théories sont
des fictions.

Même si cette vision du monde ou des personnes peut sembler sombre, elle est réaliste. Pour comprendre et pour expliquer, il faut décomposer, analyser. Quand on sépare pulsion destructrice et créatrice, fantasme et réalisme, négatif et positif, inconscient et conscient, on sait que ça ne correspond plus à la réalité. Dans la vie et dans l'action, un tel clivage n'existe pas et il se crée un équilibre qu'on reconnaît au fait que l'individu est capable de s'adapter, d'apprendre, d'évoluer, de travailler, de composer avec l'autorité et d'aimer. Les êtres humains ont des capacités de composer avec leurs pulsions sauvages et leurs fantasmes, et de canaliser leur affectivité et leurs angoisses, une capacité d'imaginaire qui leur permet de composer avec le réel, de le réinventer et d'écrire ou de réécrire leur histoire. C'est un des aspects positifs de la projection.

CONTRE-LEÇON
4

PROJECTION, PROJECTION, PROJECTION
2 janvier 1995, 13 h
(dans mon studio)

L'ordinaire des relations interpersonnelles est composé de trois principaux ingrédients : premièrement, la projection ; deuxièmement, la projection ; et troisièmement, la projection. C'est bien connu, les enfants difficiles parlent en grande partie d'eux-mêmes quand ils critiquent exagérément leurs parents, de la même façon que les parents parlent de leurs propres lacunes quand ils trouvent que leurs enfants ne sont pas aussi responsables qu'ils devraient l'être. Certains étudiants, mal appliqués, déçus et revanchards, parlent d'eux-mêmes quand ils critiquent un cours ou un professeur. Si on les écoute vraiment ou qu'on s'enquiert de l'objet de leur frustration, on se rend compte qu'ils n'ont pas investi comme ils auraient voulu ou auraient dû dans la matière du cours et qu'ils sont déçus d'eux-mêmes. Alors, ils se défendent et se protègent en critiquant le cours ou le professeur qu'ils affirment n'être pas bons. Mais on ne peut pas toujours rejeter la faute sur les autres. Quand on ne sait pas sa géographie à 40 ans, ce n'est plus la faute de sa maîtresse de cinquième année. Quand on est névrosé à 50 ans, ce n'est plus la faute de sa mère ou de son père.

De même, plusieurs enseignants et professeurs parlent d'eux-mêmes quand ils critiquent leurs étudiants. Par exemple, un professeur qui enseigne une discipline de base dans une école professionnelle trouve que les étudiants d'aujourd'hui ne savent rien dans sa discipline et il se comporte avec eux en véritable despote. Quand on y regarde de plus près, la réalité est toute autre. Les étudiants sont aussi bien sinon mieux préparés qu'il y a 20 ans dans cette discipline, mais le professeur, lui, n'a pas évolué. Il ne fait aucun véritable effort de développement pédagogique et il n'a publié aucun texte dans son domaine de recherche appliquée et d'enseignement depuis 20 ans. En fait, il ne se comporte même pas comme un bon professeur de niveau secondaire ou de niveau collégial qui donne plusieurs cours par semaine et les prépare. Il est déçu, et comme il travaille très peu, il a le temps d'éprouver sa déception. Il se défend alors en se trouvant parfait et en projetant sa déception sur ses étudiants qu'il trouve mal préparés, mais peu sont dupes.

Un professeur de sciences humaines passe ses soirées devant la télévision sous prétexte qu'il lui faut suivre l'actualité sur toutes les chaînes spécialisées ou d'information continue. Il lit journaux, revues et ouvrages qui font des critiques poussées de la société actuelle, mais lui-même n'affiche jamais sa pensée ni à la télévision ni dans les journaux et revues, et il ne publie pas d'ouvrages. Il est obsédé par tous ceux et celles qui exercent l'autorité comme l'exigent les fonctions qu'ils occupent et il les critique vertement. Il défend les ratés de ce monde qui sont victimes des personnes en poste d'autorité, se défendant ainsi lui-même d'être un raté en n'exerçant pas la seule autorité qu'on demande à un professeur, celle d'afficher sa pensée dans des documents accessibles à l'ensemble de la communauté. Il n'aura réussi qu'une seule chose : échouer, même à tenter d'attribuer son échec à quelqu'un d'autre.

Quand on travaille dans les organisations ou qu'on a l'occasion d'y faire de l'observation clinique, on apprend vite à écouter attentivement les reproches que se font réciproquement les supérieurs et les subordonnés. Quand les patrons, pour des raisons confuses, critiquent vertement leurs subordonnés, on peut être à peu près sûr que ce qu'ils leur reprochent, ce sont leurs propres lacunes. Inversement, quand des subordonnés critiquent sans nuances les gens qui les dirigent, il faut les écouter attentivement. Ils sont en train de nous dire, de façon très détaillée, ce qu'ils ne font pas eux-mêmes dans leur travail. C'est bien connu, quand un travailleur se sent incompétent ou inadéquat dans sa tâche, il en rejette le blâme sur ses supérieurs. Quand on est inapte à régler les questions qui relèvent de soi, on discute de grandes questions pour lesquelles on ne peut rien, mais on le fait précisément en proposant pour les autres ce qu'on devrait faire soi-même dans son travail.

La projection est un mécanisme enraciné dans le fond humain paranoïde. Tout cela est vieux comme la mythologie, les tragédies antiques et les livres saints. Dans la Bible, la poutre qu'il y a dans son œil et qu'on projette dans l'œil du voisin nous permet d'y voir de façon grossie la paille qui s'y trouve, mais tout le monde comprend qu'on grossit la paille de l'autre pour ne pas voir sa poutre à soi. Chez Sophocle, le roi Laïos a peur d'être tué par son fils Œdipe parce qu'il projette sur lui le désir qu'il a eu de tuer son propre père. Tout cela est encore vrai aujourd'hui des parents, des artistes, des entrepreneurs, des dirigeants et des professeurs d'université qui méprisent les jeunes et sont incapables de s'assurer une relève.

Depuis que le monde est monde, les vieux disent que les jeunes sont moins bons qu'eux, même si on a maintes fois la preuve que c'est le contraire qui est vrai. Tout en restant fondamentalement la même, l'humanité progresse et s'améliore de génération en génération. Pour ceux et celles qui veulent voir clair et apprendre de leur expérience, des enseignements qu'ils reçoivent ou des œuvres de fiction qui savent les atteindre, il est possible d'échapper aux nombreux faux destins dont les êtres humains ont le tort et le malheur de s'affubler. La jeunesse est heureusement meilleure et les étudiants qui sont actuellement inscrits au premier cycle universitaire sont plus émancipés intellectuellement et affectivement que ceux des générations passées. À long terme, on sait tous que la jeunesse va finir par montrer sa supériorité et par gagner. Beaucoup de jeunes prennent avec un grain de sel les reproches qu'on leur adresse. J'en ai même entendu plusieurs affirmer qu'ils n'auront pas beaucoup de difficulté à faire mieux que les générations qui les ont précédés. Peut-on leur donner tort? Les gens de ma génération ont vécu leur vie d'adulte au-dessus de leurs moyens. Nous nous sommes payés des plaisirs à crédit en passant les dettes à ceux et celles qui ont 20 ans aujourd'hui. Que les jeunes fassent quelques fautes d'orthographe ou de grammaire ne me semble pas très grave. On devrait relire les dissertations qu'on a écrites lorsqu'on avait 20 ans. On devrait réentendre les entrevues que donnaient les joueurs de hockey et les politiciens en 1950. On devrait réécouter les premières éditions du téléjournal et relire *Le Devoir* et *La Presse* des années 1960. On serait peut-être moins critique de la jeunesse d'aujourd'hui.

Quand le professeur, ordinaire fût-il, parle de la projection que font les autres, il parle nécessairement de lui et de sa propre projection. On observe bien chez les autres ce qui nous trouble intérieurement. Ce n'est pas par hasard qu'on déteste certains aspects de la personnalité de patrons, de collègues ou de confrères, comme on a détesté certains aspects de la personnalité de son père ou de sa mère par exemple. En général, ce qu'on déteste chez ces premiers objets d'amour et premières figures d'autorité, c'est précisément un aspect de soi qu'on n'aime pas, qu'on sait très réel et qu'on projette chez l'autre, ce qui nous donne une bonne raison de le haïr.

Oui, trois ingrédients constituent l'essence de la subjectivité et l'ordinaire des relations interpersonnelles : premièrement, la projection... ; deuxièmement, la projection... ; troisièmement...

LL   Vous voyez ce que c'est. On crée un personnage qui est le fruit de sa propre projection et voilà qu'il se retourne contre vous, vous dit vos vérités et vous relance la pierre. Projection toi-même, Tristan de La Plume !

TdeLP   C'est ce que j'ai dit : projection, projection, projection.

LL   Très bien, j'ai compris le message. Si j'avais fait une leçon uniquement sur la projection, je l'aurais nécessairement intitulée «La gestion des ennemis». C'est le titre tout désigné pour traiter de la paranoïa. C'est un sujet qui intéresse beaucoup de monde et avec un tel titre, mes ennemis m'auraient accusé de rechercher la popularité facile. Je songe plutôt à un article que j'intitulerai «Le Diable, c'est moi». Il faut savoir faire des cadeaux de Grec à ses ennemis, de beaux cadeaux gros comme un cheval dont les entrailles sont pleines d'inattendus. J'y soutiendrai une opinion contraire à Jean-Paul Sartre, dans la célèbre réplique de *Huit clos*, «L'enfer, c'est les autres». J'ai toujours été du côté de Camus contre Sartre. La révolte et Sisyphe, je connais. Les gens ambitieux et avides comme Camus n'ont pas besoin des autres pour connaître l'enfer. Cette fois-ci, je serai Méphistophélès et j'aurai besoin du personnage d'un professeur ordinaire nommé Docteur Faust. Je demanderai probablement ta collaboration, Tristan de La Plume.

TdeLP   Quand tu voudras, Laurent.

LA MÉTHODE
SUBJECTIVE
ET LES NARRATIONS

13 janvier 1995, 13 h
(chambre 841, Novotel, Dakar)
(révisé le 14 janvier à Dakar et le
22 janvier dans mon studio à Laval)

Il sera probablement toujours impossible de s'entendre sur ce qu'est l'intelligence, cette faculté de connaître et de comprendre qui dépasse l'intelligence qu'elle peut avoir d'elle-même. Ces limites à notre entendement ne nous empêchent cependant pas de faire de ce concept une utilisation «intelligente». On a intuitivement une idée de ce qu'est l'intelligence. Plusieurs chercheurs et écrivains en donnent des définitions subjectives et il existe des définitions opérationnelles, documentées par des recherches expérimentales ou empiriques, et parfois mesurées par des tests, dont on obtient le quotient bien connu.

Toute connaissance est nécessairement subjective. Ce qu'on connaît, ce n'est jamais la réalité, mais une représentation qu'on s'en fait subjectivement. On peut avoir des intelligences différentes de ce qu'est la connaissance. C'est en m'appuyant sur plusieurs conceptions, définitions et recherches élaborées au cours des dernières décennies que j'ai affirmé précédemment qu'il y avait deux formes d'intelligence : une intelligence pratique, qui résulte de l'expérience et de l'action, et que j'ai associée à la compréhension subjective, et une intelligence scolaire, celle des rationalisations et des théories, que j'ai associée à une objectivisation de la connaissance subjective, c'est-à-dire aux explications objectives des réalités qu'on cherche à comprendre et à connaître ou sur lesquelles porte notre activité professionnelle.

Ces deux types d'intelligence coexistent à des degrés différents chez tous les êtres humains, mais on peut faire l'hypothèse que l'intelligence de la pratique et de l'action sera plus marquée et plus développée chez les dirigeants et que l'intelligence des rationalisations et des théories sera plus marquée chez les chercheurs. Cependant, la réalité n'est jamais aussi simple que de telles hypothèses le supposent et il y a des cas où les deux formes coexistent chez un dirigeant ou un chercheur à un degré égal et qu'elles peuvent même exister dans le sens contraire de l'hypothèse que j'ai posée, aussi bien chez un dirigeant que chez un chercheur. Les exceptions n'empêchent pas le sens commun et l'observation de nous permettre d'affirmer qu'on a plus de chances de rencontrer l'intelligence de la pratique et dans l'action chez des gens qui font métier de dirigeant.

Choisir la subjectivité comme objet d'étude, c'est nécessairement choisir une méthode de recherche. Faire de la recherche en effet, c'est essentiellement se donner une méthode pour étudier et comprendre la réalité. Ce choix de la méthode est crucial : ce qu'on va trouver sur le phénomène étudié ne sera jamais plus pertinent et plus vrai que ce que la méthode permettra d'en dire. En ce sens, le travail de recherche me semble toujours un peu tautologique, et je ne veux pas parler ici de ce qui est scientifique et de ce qui ne l'est pas selon certains canons bien connus de la recherche. Je veux seulement dire que choisir une méthode, c'est déjà décider l'intelligence qu'on pourra avoir de son objet d'étude et décider de ce qu'on pourra trouver.

Parallèlement, être professeur, et surtout dans une école professionnelle, cela signifie avant tout être un enseignant, du moins pour quelqu'un comme moi qui ai fait de la pédagogie le fil conducteur de son activité de professeur. Il me semble donc normal qu'une méthode de recherche soit étroitement liée à une méthode pédagogique et que des résultats de recherche soient utilisés dans l'enseignement ou débouchent sur du matériel pédagogique.

La philosophie et la psychologie se sont depuis longtemps intéressées aux divers modes de connaissances. Je vous fais grâce de toutes les recherches qui ont été faites sur le sujet. Je reprendrai plus loin la synthèse du professeur Seymour Epstein[1] du Département de psychologie de l'Université du Massachusetts parue dans le numéro d'août 1994 d'*American Psychologist*. Dans cet article, le professeur Epstein propose une intégration du cognitif et de l'affectif dans la vision qu'on se fait de la façon d'apprendre. Il présente deux pôles (il ne s'agit pas d'une dichotomie) dans les modes de traitement de l'information et de l'acquisition des connaissances.

Plus près de nous, on pourrait citer les travaux d'Antonio R. Damasio, professeur de neurologie, de neuroscience et de psychologie, qui s'intéresse aux émotions et à la créativité. Selon lui, on éprouve non seulement des émotions pour ses objets de connaissance, mais il n'y a pas de rationalité sans les émotions. Le corps parle, et il exprime autant des affects que des idées. Et les gens qui entendent des mots et voient des gestes reçoivent autant des affects que des concepts. Son ouvrage, *L'erreur de Descartes : la raison des émotions*[2], est apparu comme une remise en question des approches scolaires traditionnellement cognitives. Oui, Descartes avait tort. On n'a pas d'autre choix que de redonner leurs rôles aux émotions dans le raisonnement et la prise de décision. L'esprit et le corps ont des racines communes... La programmation neurolinguistique avait déjà avancé que le corps, les affects et l'esprit ne font qu'un, et que les

---

1. Seymour Epstein (1994). «Integration of the cognitive and the psychodynamic unconscious», *American Psychologist*, août, p. 709-724.

2. Antonio R. Damasio (1995). *L'erreur de Descartes : la raison des émotions*, Paris, Odile Jacob, 368 p., et (2003). *Spinoza avait raison : joie et tristesse, le cerveau des émotions*, Paris, Odile Jacob, 346 p.

«cartes mentales» qu'on se fait des réalités (interne et externe) ne sont pas le territoire. Tout ça va beaucoup plus loin que le trop populaire concept d'«intelligence émotionnelle».

D'après Epstein, on recueille et on traite les informations qui nous assaillent, d'une part, de façon intuitive et holistique, c'est-à-dire en appréhendant le phénomène dans sa totalité. L'affectif et les émotions jouent une grande part dans ce mode de collecte de l'information. Notre motivation profonde nous rend surtout attentif et réceptif à l'information qui nous intéresse ou nous passionne. On saisit vite, et les informations qu'on obtient visent une action rapide. D'autre part, on traite les informations de façon analytique, c'est-à-dire en ayant recours à la décomposition, à la logique et au raisonnement. Cette façon de recueillir et de rechercher l'information et de la traiter est plus lente parce que plus organisée et plus systématique, ce qui force à retarder l'action jusqu'à ce que le procédé choisi produise ses résultats.

À ces deux modes de collecte et de traitement de l'information correspondent deux modes de rendre compte ou de comprendre. D'une part, l'information recueillie est encodée dans des narrations qui font appel aux images, à la métaphore et aux histoires illustrées par des exemples et des cas concrets. D'autre part, l'information est encodée par des abstractions qui font appel au raisonnement, aux concepts et aux chiffres. On cherche des lois durables en vue d'en arriver à des modèles et à des théories.

Chacun des deux modes conduit à des façons différentes de connaître et d'agir. D'une part, on connaît par l'expérience et la pratique, un mode de connaissance plus engagé qui procède par associations et où *l'insight*, une connaissance basée sur la prise de conscience, joue un grand rôle. On parle ici d'une «pensée narrative» qui se présente sous la forme d'«histoires». Elle est concrète, spécifique et fait appel à des détails et des anecdotes. Par l'imagination, on cherche à partager son expérience et à toucher personnellement l'interlocuteur. On fait appel à des personnages, à un décor, à l'action, aux intentions et aux émotions des acteurs impliqués. D'autre part, on connaît de façon plus détachée, plus conceptuelle, au moyen d'abstractions et de connexions logiques, un mode de connaissance qui se rapproche de la pensée théorique. On parle ici d'une «pensée par propositions», c'est-à-dire d'une pensée abstraite, logique, formelle et théorique qui procède par hypothèse et déductions, une pensée qui se veut plus généralisable. La pensée narrative est plus attrayante pour les praticiens parce qu'elle engage émotivement le sujet et qu'elle représente les événements comme dans la vie réelle alors que, pour eux, des conférences, des cours sur des sujets abstraits ou la lecture de documents techniques ou théoriques ne le sont pas.

Enfin, au chapitre des façons d'apprendre, les gens qui apprennent par l'expérience et la pratique, «par le cœur» pourrait-on dire, sont plus lents à changer de comportement. S'ils passent rapidement à l'action quand les informations confirment ce qu'ils pensent, ils sont lents à changer dans le cas contraire. Il faut des expériences répétées, vécues avec une grande intensité affective, pour les amener à changer. Le changement qui survient alors est plus durable parce qu'appuyé sur une conviction personnelle : « Je le sais parce que je l'ai essayé et éprouvé personnellement. »

D'autre part, les gens qui apprennent de façon conceptuelle et théorique, de façon cérébrale, seraient plus rapides à changer de comportement mais ce changement serait plus volatile. S'ils mettent du temps à construire un modèle de collecte et de traitement de l'information, ils sont plus détachés « émotivement » de la réalité et font confiance aux résultats obtenus. Les données et la logique du système leur servent de preuves.

Cette conceptualisation est intéressante, mais ce n'est pas la réalité. Quand on veut comprendre un phénomène, on doit le défaire, le décortiquer pour essayer de « voir comment ça marche ». On a tous conscience que, dans la vraie vie, on apprend aussi bien de façon inductive, par l'expérience et la pratique, ce qui pourrait conduire à une compréhension subjective, que de façon déductive, par le raisonnement et la théorie qui nous fournissent des explications objectives. Le présent texte n'est d'ailleurs pas autre chose qu'un essai de synthèse, c'est-à-dire une réflexion découlant d'une analyse typiquement scolaire cherchant à intégrer une compréhension subjective et une explication objective.

Malgré ses simplifications, ses limites et ses inexactitudes, la conceptualisation proposée par le professeur Epstein pourrait bien avoir le mérite de faire ressortir la racine du fossé qui existe parfois entre les gens de la pratique et le monde universitaire.

D'un côté, on a une connaissance pratique, intuitive et narrative où l'affect occupe une grande place et de l'autre, une connaissance théorique, analytique et abstraite où le clivage et la distance dominent. Même si j'ai résolument et définitivement choisi de me situer du côté de l'université, j'ai opté pour la perspective de l'expérience et de la pratique. Si j'étudiais la comptabilité, l'économique ou l'informatique, ce choix pourrait être moins pertinent, mais comme j'étudie la direction que j'ai définie comme étant une pratique, la démarche me semble aller de soi. De la même façon qu'il n'y a pas de clivage net entre l'apprentissage par l'expérience et la pratique et l'apprentissage par le raisonnement et la théorie, il n'y a pas de dichotomie entre la subjectivité et l'objectivité. L'expérience et la pratique n'excluent pas le raisonnement, et la théorie comme la subjectivité n'excluent pas l'objectivité.

On dit, avec raison, qu'il n'y a rien d'aussi pratique qu'une bonne théorie. Ça rend les choses plus simples, pas plus vraies. On pourrait dire qu'il n'y a rien de plus objectif que la subjectivité. Ce sont deux perspectives diamétralement opposées mais rien n'empêche qu'elles puissent toutes les deux aboutir à des résultats similaires. Jean Renoir prétendait qu'il y a deux façons de comprendre un phénomène. Ou bien on le prend dans sa totalité, mais on est forcément obligé d'aller dans les moindres détails si on veut le comprendre en profondeur, ou bien on le prend par le détail, mais on est forcément obligé de l'étudier comme un tout si on veut comprendre le sens du détail. J'ai choisi une méthode subjective basée sur des approches cliniques. C'est donc par la subjectivité que j'ai choisi de comprendre l'objectivité.

C'est par le travail et la recherche cliniques que s'est élaborée la méthode subjective. Je donnerai six postulats à la base de cette méthode. Premièrement, sur leur expérience, les gens savent subjectivement plus qu'ils ne croient. Les philosophes parlent d'une « certitude subjective ». Il ne s'agit pas toujours d'une connaissance formelle, rationalisée et explicite. Il peut même y avoir des vérités qu'on sent inconsciemment, mais qu'on se cache à soi-même plus ou moins consciemment. Quand un individu réussit ou qu'il échoue dans sa pratique d'artiste, d'artisan ou de dirigeant, d'une certaine façon, il comprend ce qu'il fait, ce qui lui arrive et ce qui se passe à l'intérieur de lui-même. On peut parler d'une compréhension sentie, pratique, intuitive ou inconsciente, mais il s'agit d'une compréhension que la réflexion peut rendre plus explicite, plus rationalisée et plus consciente. Toute sa vie, on comprend certaines de ses croyances, de ses convictions ou de ses pratiques sans être toujours capable de les expliquer complètement ou seulement de façon satisfaisante.

Deuxièmement, l'action d'une personne peut s'interpréter comme si c'était un « texte ». Il y a un sens ; il y a une structure, même lorsqu'elle est cachée. Sur une période relativement longue, les gens ne peuvent pas faire autrement que de montrer leur vérité et les périodes de crise sont particulièrement révélatrices. Le chercheur clinique ne juge pas. Un être humain est un être humain. Il est normal d'être émotif, d'avoir des défauts, de faire des erreurs et de s'en défendre. L'expérience subjective du chercheur peut d'ailleurs en témoigner. L'histoire personnelle d'un individu s'interprète parce qu'il y a du sens sous-jacent à l'ensemble de son action. Si l'action d'une personne n'a pas de mobiles et n'a pas de sens, il n'y a pas de recherche possible et on ne peut rien en dire d'intelligent. Même une histoire qui en apparence n'a pas de sens cache un sens sous-jacent. Même des comportements extérieurement irrationnels obéissent à une rationalité. Dans sa vie et dans sa pratique, chaque personne tente de créer du sens, d'écrire et de réécrire son scénario, et il n'y a pas d'âge pour (ré)écrire son histoire.

Troisièmement, la méthode subjective qui se fonde sur des approches cliniques est une méthode scientifique qui vise la connaissance approfondie de cas individuels. Il s'agit donc d'une recherche cas par cas. Par cette démarche, on cherche à coller le plus possible à l'objet d'étude et à atteindre l'expérience subjective d'une personne dans sa pratique. On tâche de découvrir ce qu'est l'essence de cette pratique en elle-même, mais aussi le sens qu'elle prend pour la personne qui en fait son métier ou sa profession. On ne s'intéresse pas seulement à ce qui arrive à la personne dans le monde extérieur, mais aussi à ce qui se passe en elle : sa vision du monde, ses convictions profondes, ses choix de carrière, les sources de cet intérêt, les passions, les lubies, les certitudes, les doutes, les angoisses, les espoirs, les obsessions, etc.

Quatrièmement, la technique de collecte du matériel de recherche est simple : on observe de façon intensive ou on mène une entrevue en profondeur. On laisse vivre et on laisse parler le sujet. On pourrait qualifier cette méthode de *story telling*. Dans le cas de l'entretien, on demande à la personne de raconter ce qu'elle fait, comment elle s'y est préparée et comment elle a choisi ce type d'activité afin d'en dégager les pourquoi. Selon l'objet de recherche du chercheur et ses hypothèses, l'accent peut être mis sur des aspects particuliers de la pratique, du cheminement de carrière ou de vie de la personne qu'il cherche à comprendre. Cette méthode suppose une relation directe et longue entre le chercheur et son objet de recherche. Les thérapies, l'observation participante et l'entretien en profondeur ont été les méthodes les plus usuelles de collecte du matériel de recherche. Les journaux intimes, la correspondance, les autobiographies, les productions artistiques et les tests projectifs sont aussi mis à profit dans une méthode subjective basée sur une approche clinique.

Cinquièmement, dans la méthode subjective, les personnes dont on étudie les pratiques sont nos cochercheurs. Le chercheur est le principal instrument de collecte du matériel et d'information, puisque cette collecte se fait d'une personne à l'autre. Il utilise toute sa sensibilité pour «entendre», mais surtout il utilise sa subjectivité, son affectivité et son intériorité pour «comprendre» comment ça se passe pour la personne, la façon avec laquelle elle vit intérieurement le métier qu'elle pratique, l'influence de cette vie intérieure sur sa manière de penser, d'agir et de produire. Dans la méthode subjective, le chercheur ne comprendra et ne dira jamais plus de son objet de recherche que ce que sa propre subjectivité lui aura permis de comprendre. On ne comprend bien que ce qu'on sait avoir été antérieurement ou être actuellement ou potentiellement vrai pour soi.

Sixièmement, la démarche du chercheur sera d'écrire ou si on veut de réécrire l'histoire de l'acteur et de sa pratique et d'en produire un «texte» qui sera public et accessible à une communauté scientifique. On utilise l'expression «histoire de cas» pour marquer la différence avec une «étude de cas», c'est-à-dire un texte qui fait état de l'analyse du chercheur. Ces histoires de cas diffèrent aussi des cas qui présentent un problème précis à résoudre ou une décision à prendre. Dans cette méthode subjective, «l'écriture» compte pour une bonne part du travail de recherche, une écriture qu'on pourrait rapprocher d'une méthode artisanale. Dans *Journal d'un inconnu*, Cocteau écrivait il y a presque 50 ans:

> Je ne prétends pas construire une usine de l'invisible, mais suivre l'exemple de l'artisanat en des matières qui exigent plus de culture que je n'en possède. Je veux m'installer devant ma porte et essayer de comprendre, à la main, ce sur quoi la sagesse base son industrie. C'est le droit à l'artisanat spirituel que je réclame. L'artisanat n'est plus en faveur à notre époque de grosses entreprises. Mais il est représentatif de ce singulier que le pluriel menace de sa haute vague[3].

Comprendre à la main, comprendre par l'écriture, comprendre cas par cas

L'histoire de cas à laquelle je me réfère se veut une représentation aussi vivante, aussi réaliste et vraie que possible, résultant d'une démarche qui vise à comprendre en profondeur ce qu'on a observé ou le récit qui nous a été fait. C'est une narration qui tente de faire part de la pratique d'une personne dans toutes ses dimensions, cognitives aussi bien qu'affectives.

---

3. Jean Cocteau (1953). *Journal d'un inconnu. Démarche d'un poète*, Paris, Grasset, p. 11-12.

Septièmement, puisque notre recherche vise à former des personnes, c'est ce texte qui sera soumis à la compréhension et à l'interprétation intersubjective d'une communauté scientifique et d'apprenants, qu'il s'agisse d'étudiants ou de chercheurs. Je parle d'écriture et de textes parce qu'il s'agit du mode d'expression le plus couramment utilisé par les chercheurs actuels; mais si on en avait les moyens et le talent, c'est à l'audiovisuel et au numérique que devrait recourir le plus souvent le chercheur pour faire ses narrations. L'audiovisuel présente des avantages sur l'écriture en ce sens qu'il permet de représenter de façon plus vivante l'histoire à raconter, de retenir davantage l'attention parce que s'adressant à plus de sens, à l'ouïe et à la vue simultanément, de rejoindre l'intelligence concrète et pratique en représentant directement la personne qui s'exprime et qui agit, et de correspondre à un mode de communication aujourd'hui plus répandu que celui de l'imprimé[4]. Si on en avait les moyens financiers et qu'on pût recourir à des réalisateurs de talent donc, c'est plus de 50% des histoires de cas qui devraient utiliser le «médium» du film ou de la vidéo. Produire des histoires de cas reste pour moi la meilleure façon de faire de la science. Quant au numérique et à l'Internet, ils accentuent notre pouvoir de créer et de diffuser.

Si l'écriture et l'expression artistique peuvent être considérées comme méthode de recherche de la réalité et de la vérité humaines et si la littérature et les œuvres d'art peuvent être étudiées

---

4. Filmer une entrevue peut déjà constituer un progrès important. On peut «voir» la relation du chercheur avec la personne qu'il cherche à comprendre. On peut «sentir» la projection que fait chacun des deux.

comme un *corpus* de connaissances très riche pour comprendre la personnalité et la direction, qu'en pensent les écrivains eux-mêmes?

L'ÉCRITURE,
LA LITTÉRATURE,
LA FICTION,
L'HYPOCRISIE
ET LA VÉRITÉ
27 janvier 1995, 11 h
(dans mon studio)

Laurent Lapierre a affirmé précédemment que l'intelligence pratique et subjective, celle des narrations, plutôt que celle des abstractions, est celle qui domine chez les dirigeants. On m'a dit, par ailleurs, que des recherches ont montré que les dirigeants aiment mieux parler qu'écrire. S'ils préfèrent la parole à l'écrit comme moyen de communication et qu'ils apprennent subjectivement, pratiquement, et par la narration d'expériences concrètes, le travail de recherche que font les artistes et les œuvres de fiction qu'ils produisent par écrit ou en utilisant l'audiovisuel sont des objets de connaissance dont les dirigeants peuvent tirer profit dans leur recherche de vérité.

Les œuvres de fiction sont le produit d'une projection de l'intériorité des créateurs, mais elles sont aussi des objets de projection pour les lecteurs et les spectateurs qui s'y reconnaissent, que ce soit consciemment ou inconsciemment. Les auteurs et artistes, quand ils ont du talent ou mieux du génie, en imaginant et en représentant extérieurement des histoires qui proviennent de leur subjectivité, nous permettent d'étudier cette subjectivité objectivement, comme une réalité extérieure. Noël Audet écrit :

> [...] la fiction a peut-être un [...] avantage sur l'histoire en ce sens qu'elle s'enfonce plus facilement dans les questions de motivation, de mentalité, de sentiment, de passion, bref dans tout ce qui fait avancer l'histoire dans la nation et «l'histoire» dans le texte. Le discours de fiction est un discours global, qui embrasse la totalité de l'être humain, parce que son propos consiste à représenter de la façon la plus juste ceux qu'il met en scène, aussi bien dans leur extériorité et dans les conséquences de leurs actes que dans leur intériorité la plus secrète[1].

---

1. Noël Audet (1990). *Écrire de la fiction au Québec*, Montréal, Québec/ Amérique, p. 144.

L'écriture et la parole sont deux moyens de connaissance et d'affirmation de soi et deux moyens de communication, mais l'écriture est le moyen par excellence de mise en forme de sa pensée[2]. Contrairement à la parole, l'écrit reste, mais surtout il suppose une plus grande discipline, une fidélité aux règles précises de la langue, de la grammaire, de l'orthographe et un choix plus précis de mots, de structure et d'ordonnancement. Le temps que commande l'écriture force celui de la réflexion, du choix des métaphores, des images et des expressions. L'écrivain trouve sa pensée en écrivant. L'artiste trace des croquis dans son cahier ou son bloc-notes. L'acte d'écrire et de tracer est un acte de réflexion et de mise en forme, un cheminement qui mène vers l'inconnu, l'inattendu, la découverte ou la trouvaille[3].

L'écriture est toujours un travail de soi sur soi. C'est toujours un peu soi qu'on écrit, tant par le fond sur lequel on s'exprime que par le style et la forme qu'on lui imprime. C'est sans doute ce qui faisait dire à Abraham Zaleznik qu'écrire est une activité éminemment narcissique[4]. L'écriture se travaille dans la solitude et c'est une entreprise de recherche qui s'apparente à celle de l'artiste : rectifications, retouches, découvertes, travail de recherche de sens,

---

2. Cette partie du texte s'inspire de la première version d'un rapport de recherche de Chantale Mailhot et Laurent Lapierre intitulé « Écriture, littérature, projection et recherche de vérité ».
3. « *Nulla dies sine linea.* » (Pas un jour sans une ligne.) Mots prêtés par Pline (*Histoire naturelle*, p. 35-36) à Apelle, un peintre, qui ne passait pas un jour sans tracer une ligne, c'est-à-dire sans peindre. Cette expression est devenue la devise des personnes qui écrivent.
4. Ce commentaire de Zaleznik m'a été communiqué par Jacqueline Cardinal.

de création d'un sens qui nous soit propre. L'écriture est une façon de faire le point, de créer l'ordre, le sens par lequel on tend vers sa vérité.

La vérité dont il est question ici, c'est la vérité subjective, la vérité intérieure, celle qui cherche à voir clair dans les activités extérieures qui nous assaillent et qui nous font perdre le fil. C'est ce qui faisait dire à Marcel Proust :

> La vraie vie, la vie enfin découverte et éclaircie, la seule vie par conséquent réellement vécue, c'est la littérature ; cette vie qui en un sens, habite à chaque instant chez tous les hommes aussi bien que chez l'artiste. Mais ils ne la voient pas, parce qu'ils ne cherchent pas à l'éclaircir. Et aussi leur passé est encombré d'innombrables clichés qui restent inutiles parce que l'intelligence ne les a pas «développés»[5].

Et le lecteur aussi fait de la projection quand il lit. Écoutons Proust encore :

> En réalité, chaque lecteur est, quand il lit, le propre lecteur de soi-même. L'ouvrage de l'écrivain n'est qu'une espèce d'instrument optique qu'il offre au lecteur afin de lui permettre de discerner ce que sans ce livre, il n'eût peut-être pas vu en soi-même[6].

Bien sûr, la vraie vie n'est pas la littérature, que ce soit celle qu'on crée par son écriture ou celle qui résulte de la production des autres créateurs. Ce que Proust veut dire, c'est que la vérité de chacun est nécessairement subjective et qu'elle doit être l'objet d'une préoccupation constante si on ne veut pas devenir étranger à soi-même.

---

5. Marcel Proust (1986). *Le temps retrouvé*, Paris, Flammarion, p. 289.
6. *Ibid.*, p. 307-308.

Ce travail de l'artiste, de chercher à apercevoir sous de la matière, sous de l'expérience, sous des mots quelque chose de différent, c'est exactement le travail inverse de celui que à chaque minute quand nous vivons détournés de nous-mêmes, l'amour-propre, la passion, l'intelligence, et l'habitude aussi accomplissent en nous, quand elles amassent au-dessus de nos impressions vraies, pour nous les cacher entièrement, les nomenclatures, les buts pratiques que nous appelons faussement la vie[7].

Les plus grands scientifiques qui se sont intéressés à l'étude de la personnalité ont à peu près tous reconnu que les auteurs et les créateurs, quand ils ont du talent, arrivent à comprendre et à représenter les êtres humains mieux que les études formelles et les théories n'arrivent souvent à le faire. C'est ce qui faisait dire à Stefan Zweig :

J'avais en outre une méfiance à l'égard de toute étude universitaire, méfiance qui, aujourd'hui encore, n'a pas disparu. Pour moi, l'axiome du [philosophe américain] Emerson, que les bons livres remplacent la meilleure université, est resté inébranlablement valable, et je suis toujours persuadé que l'on peut devenir un excellent philosophe, historien, philologue, juriste ou tout ce qu'on voudra, sans avoir mis les pieds à l'université, ni même au lycée. D'innombrables fois, je me suis assuré dans la vie pratique que [...] une grande partie des anticipations et des découvertes essentielles dans tous les domaines sont dues à des chercheurs solitaires. Si commode et si salutaire que puisse être l'enseignement universitaire pour des esprits moyens, il me paraît que des natures individuellement productives peuvent s'en passer, qu'il peut même agir sur elles comme une entrave. [...] Les pensées se développent en moi, sans

---

7. *Ibid.*, p. 290.

exception, à partir des objets, des événements et des formes sensibles, tout ce qui est purement théorique et métaphysique demeurant inaccessible à mes capacités d'apprentissage [...] *Universitas vitae*[8].

Les créateurs et les artistes comprennent intuitivement leurs personnages et ils les représentent avec une grande vérité. Il faut voir des écrivains, des metteurs en scène, des réalisateurs et des acteurs à l'œuvre, et les efforts qu'ils déploient pour arriver à être vrais, pour réaliser qu'il s'agit d'un véritable effort de recherche. L'écrivain ne nous cache pas qu'il écrit un roman ou une pièce de théâtre, le réalisateur ne cache pas qu'il fait du cinéma et l'acteur ne cache pas qu'il joue un personnage. Cette hypocrisie qui s'affiche est pleine de vérité. *Hypocrisis*, en grec ancien, signifiait «jeu de l'acteur». C'est la culture judéo-chrétienne, avec sa culpabilité originelle, qui a fait de ce jeu un vice. Il y a dans l'hypocrisie qui s'affiche et qui s'amuse beaucoup plus de vérité que la supposée vérité de la vie manifeste. Est-ce qu'un chercheur du nom de Goffman n'a pas utilisé la métaphore de la mise en scène pour étudier la vie quotidienne des organisations ? Il y a presque 400 ans, Shakespeare faisait déjà dire à un de ses personnages dans *Comme il vous plaira*, que «le monde est une scène et nous ne sommes que les personnages de la pièce».

Marguerite Yourcenar comprend bien l'empereur Hadrien et son ambition parce qu'elle fait de la projection. Elle se met dans sa peau. Le passage suivant était aussi vrai pour elle qu'il a pu l'être pour

---

8. Stefan Zweig (1982). *Le monde d'hier. Souvenirs d'un Européen*, Paris, Belfond, p. 127-128.

Hadrien rédigeant ses mémoires sous la forme d'une lettre testamentaire à son petit-fils adoptif Marc-Aurèle et pourtant, on ne doute pas de sa vérité :

> Comme tout le monde, je n'ai à mon service que trois moyens d'évaluer l'existence humaine : l'étude de soi, la plus difficile et la plus dangereuse, mais aussi la plus féconde des méthodes ; l'observation des hommes, qui s'arrangent le plus souvent pour cacher leurs secrets ou pour nous faire croire qu'ils en ont ; les livres, avec les erreurs particulières de perspectives qui naissent entre leurs lignes. J'ai lu à peu près tout ce que nos historiens, nos poètes, et même nos conteurs ont écrit, bien que ces derniers soient réputés frivoles, et je leur dois peut-être plus d'informations que je n'en ai recueillies dans les situations assez variées de ma propre vie. La lettre écrite m'a enseigné à écouter la voix humaine, tout comme les grandes attitudes immobiles des statues m'ont appris à apprécier les gestes. Par contre, et dans la suite, la vie m'a éclairci les livres[9].

9. Marguerite Yourcenar (1975). *Mémoires d'Hadrien*, Paris, Éditions Gallimard, p. 30.

CE QU'ON CHERCHE ET CE QU'ON TROUVE

2 février 1995, 4 h 15
(dans mon studio)

Quand on fait de la recherche, on peut d'abord **trouver ce qu'on cherche**. Le choix de la méthode de recherche nous conduit inévitablement à obtenir des résultats qui sont d'une certaine nature. En ce sens, le travail de recherche est un peu tautologique, comme je l'ai dit plus haut. Si on cherche à savoir si la relation entre deux variables est statistiquement significative, c'est ce qu'on va trouver. Si on cherche une interprétation psychodynamique, on va en trouver une. Si on cherche de la subjectivité ou si on cherche de l'objectivité, il y a de bonnes chances pour que ce soit ce qu'on trouve. On ne peut donc trouver que ce qu'on cherche, et il n'y a pas de mal à ça.

Mais on peut aussi tenter de **chercher ce qu'on trouve**, c'est-à-dire de rester ouvert à l'inattendu, rester ouvert à la découverte, être toujours capable d'étonnement et d'émerveillement. Les grandes découvertes sont souvent le résultat de la conjonction d'un travail acharné et d'une disponibilité d'esprit. Le chercheur se donne le droit de penser l'impensable. Dans certains cas même, redécouvrir, sous un angle différent, ce qu'on a déjà découvert plusieurs fois peut constituer une véritable découverte. «Ah! Non! pas encore cela!» Eh oui! Sa nature reste toujours vivante. En ce sens, redécouvrir des aspects profonds de la nature humaine est une joie toujours renouvelée.

Je pourrais vous faire part de ce que la méthode subjective, c'est-à-dire ce que l'utilisation d'approches cliniques m'a amené à découvrir chez les personnes ambitieuses, intelligentes, sensibles et avides. Ce serait trop long. Je voudrais plutôt soulever brièvement le lien qui existe entre la méthode de recherche et la méthode pédagogique.

Nous enseignons tous la gestion à HEC Montréal. On n'enseigne pas la psychologie, la sociologie, l'économique, les mathématiques ou la littérature; on enseigne la gestion. On a recours aux mathématiques ou à la psychologie uniquement si ces disciplines peuvent rendre le jugement plus éclairé et meilleur en situation de gestion. C'est la même chose avec la littérature. On n'y a pas recours pour elle-même, mais uniquement si elle contribue à éclairer et à comprendre la subjectivité, la projection, l'ambition, l'autorité et le pouvoir dans la pratique de la direction. Comme nous sommes dans une école professionnelle, nos «enseignements» doivent déboucher sur des apprentissages.

Je l'ai indiqué plus haut, il y a une grande différence entre avoir des connaissances sur un sujet et apprendre, entre savoir et pouvoir. Apprendre, c'est changer et cela implique l'acquisition d'une habileté. Avoir une foule de connaissances sur un sujet peut ne pas conduire à un changement de comportement, de la même façon qu'un professeur peut avoir une foule d'idées, connaître beaucoup d'auteurs et leurs théories et ne pas avoir une pensée qui lui soit personnelle. Il est une encyclopédie vivante de ce que pensent les autres, mais lui ne pense pas.

Dans une école professionnelle préparant des gens à l'exercice d'une pratique basée sur le jugement, le procédé qu'on utilise pour son enseignement constitue une grande part du message. Si on fait l'éloge d'une direction participative en se comportant comme un *preacher* intégriste, les gens vont retenir de soi qu'on est intégriste. Si on fait l'éloge du travail en équipe mais qu'on ne tolère pas l'expression d'opinions qui soient différentes de la sienne, les étudiants vont retenir qu'on est fermé et autocrate. Si une structure de programme permet peu de liberté et peu de possibilités de choix, les étudiants apprendront soit qu'on ne fait pas confiance à leur jugement ou que leur jugement n'est pas bon, soit que le jugement est inutile en gestion ou que le jugement ne se développe pas par la pratique.

Si la structure d'un programme ne laisse aucun choix aux étudiants, même si le contenu des cours vante une philosophie libérale, les étudiants apprendront ce qu'on leur impose, en pratique ; c'est-à-dire que la meilleure éducation est celle qui est complètement planifiée par « ceux qui savent ». Ils apprendront aussi, par inférence, qu'une économie planifiée par des technocrates qui savent donnerait de meilleurs résultats qu'une économie décidée par des dirigeants qui peuvent et qui font.

Je donnerai trois arguments pour soutenir ma position en faveur de la liberté de choix des étudiants en gestion. Premièrement, l'état actuel de notre connaissance de la gestion ne permet pas d'affirmer que beaucoup de matières dans un programme sont absolument indispensables à la formation d'un dirigeant.

Deuxièmement, si une matière est vraiment indispensable, le professeur devrait facilement réussir à convaincre des dirigeants ou des étudiants de sa pertinence et de sa validité et du bénéfice qu'ils retireront à la posséder. Si le professeur n'y réussit pas, c'est soit qu'il a tort et que sa matière est non pertinente, soit qu'il est incompétent pour montrer la pertinence ou la validité de son approche, et dans les deux cas, les étudiants perdront leur temps. Est-ce qu'un individu non motivé peut apprendre vraiment ?

Troisièmement, il n'y a pas beaucoup de certitudes quant aux meilleurs outils et quant à la meilleure approche pour assurer tel ou tel apprentissage et il y a beaucoup de matières que les dirigeants et les étudiants en gestion peuvent acquérir par eux-mêmes. Et c'est ce qu'ils font. Pourtant, il y a d'excellents vice-présidents finances, marketing, ressources humaines ou opérations, de même que d'excellents présidents, qui ne sont pas diplômés d'une école de gestion.

Si je suis le seul à croire qu'une formation à la direction ou au leadership est nécessaire, ou bien j'ai tort et il me faut changer d'opinion, ou bien j'ai raison et il me reste à faire la démonstration que c'est nécessaire et que je suis compétent pour en prendre la responsabilité. Si la formation est facultative, la clientèle qui la rejette aussi bien que celle qui s'y inscrit y réagit positivement ou négativement, et me donne un son de cloche. Si la «matière» est obligatoire, je me prive d'un tel type de réaction. Le même genre de raisonnement pourrait s'appliquer à tous les cours ; mais je ne me fais pas d'illusion. Les écoles de gestion et leurs programmes de formation sont actuellement remis en question et c'est salutaire. Je serais prêt à parier que les survivants laisseront une très grande liberté aux apprenants et que les contenus offerts seront riches pour permettre d'apprendre en pratiquant et en exerçant son jugement. Les autres mourront, victimes de quelques professeurs qui croyaient posséder la vérité.

Il y a un lien étroit entre la méthode de recherche et la méthode pédagogique. De la même façon que le chercheur utilise sa propre subjectivité et son intériorité pour comprendre et rendre compte de la subjectivité de la personne étudiée dans le cadre d'une pratique, les documents produits (écrits ou audiovisuels) servent à toucher le lecteur ou l'étudiant. Une méthode pédagogique suggestive et subjective utilise la même démarche qu'une méthode de recherche subjective. À défaut et en attendant d'étudier les personnes réelles, on apprend de façon clinique à partir des narrations produites par le chercheur. Les «narrations» sont utilisées comme des révélateurs de la subjectivité du lecteur ou du spectateur. Le document permet de découvrir ce qui est là de façon latente ou, pour reprendre l'image de la photographie, de développer en positif ce qui est déjà imprimé en négatif dans la personne. C'est en enrichissant sa subjectivité de l'expérience subjective des autres qu'on développe sa capacité de sentir, de voir, de comprendre et d'agir en meilleure connaissance des causes et des mobiles.

J'ai trouvé ce que je cherche et j'ai appris à chercher ce que je trouve d'une part en pratiquant une **pédagogie de la suggestion**. Les personnes qui ont l'étoffe pour occuper des postes de direction, qui en ont le génie (oui, c'est une forme de génie très rare), le talent ou le potentiel de ce métier, comprennent vite. Elles sentent, devinent et savent parce qu'elles apprennent par elles-mêmes les habiletés qui leur sont nécessaires. Cela peut paraître un savoir instinctif ou intuitif, mais il s'agit d'un réel apprentissage. Le métier de chercheur et de professeur en gestion pourrait donc consister en grande partie à mettre en situation et à suggérer, pour permettre aux personnes intéressées de découvrir leur propre intelligence des personnes et des choses, leur savoir intuitif, leur sagesse et leur jugement.

J'ai trouvé ce que je cherche et j'ai appris à chercher ce que je trouve d'autre part en pratiquant aussi une **pédagogie de l'identification projective**. Les histoires de cas et les œuvres de fiction que j'utilise sont des représentations de l'histoire et de l'expérience affective de dirigeants, des spécimens de connaissance pratique, intuitive et narrative. Ils

deviennent des objets de projection pour les parti-
cipants ou les étudiants, des manières de réfléchir de façon clinique sur eux-mêmes et sur leur
propre pratique et des déclencheurs de véritables
changements. Quand on est intellectuellement
stimulé par une situation ou un document qui
s'adresse à notre intelligence narrative, pratique et
subjective, quand on s'y engage affectivement et
en étant assuré que les limites sont bien établies,
on peut prendre le risque d'une recherche de sa
vérité et d'un apprentissage capable d'induire un
changement.

AIMER ET ÊTRE AIMÉ

30 septembre 1994, 19 h
(dans mon studio)

Cette leçon porte sur l'influence des premiers objets d'amour et des premières figures d'autorité sur notre relation avec les autres et avec le monde extérieur, surtout sur les façons qu'on a de diriger. Je sais subjectivement, et j'en ai eu plusieurs fois la preuve clinique objective, que les parents sont à la fois des figures d'autorité et des objets d'amour. Ces objets intériorisés et les images qu'on entretient à leur sujet déterminent en grande partie le choix de nos objets d'amour dans la vie, de même que le façonnement de nos intérêts professionnels, de nos carrières et de nos modes de gestion et de vie. Quand on est petit, on a surtout besoin d'objets d'amour. Je sais subjectivement aussi, et j'en ai eu plusieurs fois la confirmation clinique, que beaucoup d'enfants (névrosés ?) ont senti davantage chez leurs parents des figures d'autorité que des objets d'amour. Quand l'amour n'est pas là, ou qu'on ne le sent pas, on aime alors les figures d'autorité. A-t-on le choix ? Cela prépare le terrain à l'autoritarisme et à une approche domination/soumission dans les rapports interpersonnels, ce qui me semble tout à fait caractéristique des personnalités paranoïdes ou obsessives-compulsives qu'on observe fréquemment chez les dirigeants. Pour ces gens, l'autorité a chassé l'amour. Si la leçon traite de l'autorité, la contre-leçon doit aborder la question de l'amour.

L'amour est ce qu'il y a de plus merveilleux dans les rapports entre les êtres humains. Il se caractérise par le désir de s'oublier, de (se) donner et même de se sacrifier pour quelqu'un. C'est un sentiment qu'on associe spontanément à la sexualité, au désir d'intimité qu'éprouvent deux êtres qui ont des élans l'un vers l'autre, aux désirs de se rapprocher, d'avoir des relations sexuelles, de fonder un foyer, de se faire un nid qu'on partage avec l'autre et, généralement, d'avoir des enfants.

L'amour, c'est aussi le sentiment que des parents éprouvent pour leur progéniture. Une mère et un père éprouvent naturellement de l'amour pour leurs enfants. Ils nourrissent, soignent, guident et donnent dans la joie, éprouvant du plaisir à voir grandir cette part d'eux-mêmes. Des parents, quel que soit leur pays d'origine ou leur culture, réalisent des exploits surhumains pour sauver la vie de leurs enfants. Cela semble correspondre à un instinct fondamental.

L'amour est un sentiment qui met en branle l'être humain dans tout son être. La pensée occupe une grande place dans l'amour. L'objet aimé ne quitte plus notre esprit. On l'imagine, on le devine, on l'invente même pour le rendre conforme à ses désirs. Le corps et l'affect tiennent aussi une grande place. Qui ne connaît pas le trouble amoureux qui se manifeste par la griserie des « papillons dans l'estomac», le désagrément de la souffrance physique qui accompagne l'attente, la peur de déplaire et de perdre l'être aimé. Même en l'absence de l'autre, on peut (re)vivre le plaisir du rapprochement et de l'abandon des corps et le rapport ardent, soumis à la violence du désir, jusqu'au plaisir ultime de l'orgasme et du repos.

Plusieurs types d'amour existent : la passion inquiète, l'amour intéressé, l'amour généreux, la tendresse sereine, l'amour déçu, etc. Mais le contraire, l'envers ou le négatif de l'amour existent aussi : l'amour de soi, l'amour de l'idée de l'amour, le masochisme, le sadisme, la bestialité, l'impuissance, la frigidité, etc., des déviations ou des inhibitions de l'amour qui touchent soit l'objet d'amour, soit les activités par lesquelles il se manifeste.

A-t-on besoin d'apprendre à aimer ? Est-ce que l'amour vient naturellement à tous ? La réponse est manifestement non. Les animaux n'ont pas besoin d'apprendre à copuler et ils n'ont pas besoin d'apprendre à tuer pour survivre. Encore qu'il soit possible que chez les grands mammifères, vivant en couples ou en hordes, les parents apprennent l'art de la chasse à leurs petits. On a cependant l'impression que les animaux savent naturellement s'accoupler et tuer pour assurer la survie de l'espèce et leur survie individuelle.

Chez le mammifère humain, les choses sont plus complexes. Être éduqué, être domestiqué et être civilisé, d'abord pendant les longues années de l'enfance et de l'adolescence, et pendant toute sa vie ensuite, crée chez l'individu des tensions de type névrotique. Les êtres humains doivent apprendre à «aimer humainement», à créer l'amour en donnant généreusement. Ils doivent aussi apprendre à se «défendre humainement» contre les autres de façon à assurer leur survie comme individus. Cette éducation et cet apprentissage sont assumés et assurés par des individus qui eux-mêmes assument mal leur capacité d'aimer et de se défendre, et dont la sécurité apparente sous ce rapport peut être plus névrotique que réelle.

L'amour peut avoir un côté un peu maniaque. Il incite à se surpasser. Au nom de l'amour, on peut entreprendre et réussir les projets les plus fous. Créer la vie est un de ces projets un peu fous. Créer la vie, c'est créer l'amour, mais c'est aussi créer des ennuis. Une femme ou un homme amoureux peuvent accomplir de ces choses que rationnellement, on ne peut expliquer. «Le cœur a ses raisons que la raison ne connaît point», disait Pascal. Un couple animé d'une passion amoureuse n'a pas peur des obstacles. On comprend alors tout ce que veut signifier l'expression «c'est plus fort que l'amour».

Si aimer peut prendre la forme de complications et de déviations multiples, de la même façon, l'individu qui aura eu l'impression de ne pas avoir été aimé à son goût (et nombreux sont ceux et celles qui peuvent le prétendre) pourra alors soit rechercher désespérément l'amour auprès d'objets impossibles, soit le rechercher de façon irréaliste, ce qui le conduira à des échecs successifs, ou au refus d'être aimé, évitant ainsi les déceptions trop amères.

Être aimé est donc aussi plus difficile qu'il n'y paraît, même pour les personnes qui recherchent l'amour. À cause de la grandeur de ce sentiment, l'amour est quelque chose de compromettant, qui peut faire peur. Donner et recevoir des messages d'amour quand il n'y a pas de réciproque est une expérience très douloureuse pour toutes les personnes sensibles. Quand on n'aime pas l'autre (ou qu'on ne s'aime pas), on est dérangé par l'amour de l'autre. Quand on tente de se rapprocher de quelqu'un pour qui on éprouve une forte attirance et que cette personne ne reçoit pas les avances qu'on lui fait ou ne prend pas les perches qu'on lui tend, ou pire, qu'elle en semble ennuyée, le sentiment qu'on éprouve alors est très douloureux.

Se sentir rejeté semble être une des expériences affectives les plus pénibles que puissent éprouver les êtres humains. Dans l'imaginaire collectif judéochrétien, être humain, c'est avoir été rejeté par Dieu du paradis terrestre ; rien de moins. Il ne peut donc pas y avoir de bonheur sur terre. Plus concrètement, l'enfant qui se sent rejeté par ses parents vit l'enfer parce qu'il a besoin de l'amour de ses parents et que la relation est inégale. Dans le cas de l'amoureux rejeté, la relation semble plus égale, mais il est tellement diminué, humilié et blessé qu'il revit dans sa vie adulte toute sa vulnérabilité d'enfant.

Y a-t-il un lien entre l'amour et l'autorité ? Sûrement. Notre première relation au monde portant sur des personnes qui sont à la fois objets d'amour et figures d'autorité, il ne peut en être autrement. Aimer et être aimé sont deux sentiments qui peuvent

être transposés dans un travail, dans une direction, dans l'exercice du pouvoir, dans une cause et
dans une œuvre. L'amour qu'on éprouve pour ces
abstractions ou ces activités prend alors plusieurs
des caractéristiques de l'amour qu'on a éprouvé ou
qu'on aurait voulu éprouver pour des personnes qui
ont été significatives dans notre existence. Certains
sont passionnés pour leur travail. Mais on peut aussi
avoir l'impression d'être bien aimé ou mal aimé par
le travail qu'on fait ou la cause qu'on défend, un
amour qu'on peut préférer à l'amour de personnes
réelles.

ORDINAIRE,
TROP ORDINAIRE
30 janvier 1995, 10 h 45
(dans mon bureau à l'École)

Laurent Lapierre et Tristan de La Plume lisent en
même temps le premier paragraphe.

LL et TdeLP	Pour connaître, pour expliquer et pour faire comprendre, il faut d'abord défaire, dans certains cas même, se dédoubler. C'est l'essence même de l'analyse. Mais on défait pour mieux refaire, on analyse pour en arriver à une synthèse nouvelle, on explique pour mieux remettre ensemble, pour mieux comprendre. Une

analyse qui ne conduit pas à une nouvelle synthèse est inutile. Quand on réintègre ce qu'on a séparé, cependant, il est normal que ça manque de synchronisation, qu'il y ait de l'écho au début... de la discordance même, mais si le travail d'analyse a été fructueux, il conduira à une pensée et à une action mieux intégrées, plus réalistes.

LL   Tristan de La Plume, ta contribution s'arrête ici. Je reprends ma doublure maintenant. Merci et à une prochaine.

TdeLP   Quand tu voudras Laurent Lapierre !

LL   Ce Tristan a vraiment l'air d'être aussi disponible que ma plume.

Voilà, le dernier acte est terminé.

Cette leçon avait surtout pour thème la subjectivité. C'est le fruit du travail d'une intelligence scolaire qui s'est essayée, de façon clinique, à comprendre et à expliquer l'intelligence pratique. Par l'alternance avec la contre-leçon, j'ai soutenu qu'il n'y a pas d'objectivité sans passer par la subjectivité. J'ai soutenu également qu'il n'y a pas d'autorité sans agressivité, sans un certain bouleversement de l'ordre établi. J'ai laissé entendre que l'autorité réelle ne peut pas être platonique, pas plus que l'amour réel peut être platonique. On exerce l'autorité comme on est, c'est-à-dire avec son imagination, son intelligence, ses talents, son énergie et son ambition, mais aussi avec ses inhibitions intellectuelles, ses manques, ses défauts et ses inhibitions à l'action, sa propension à laisser tomber ou à succomber à la paresse.

J'ai soutenu que diriger est une pratique, que c'est subjectif et que ça se connaît par l'intelligence de l'action. J'ai avancé qu'il peut y avoir une théorie de la subjectivité comme il y a une méthode subjective. Je réalise, comme de nombreux chercheurs, que je poursuis toujours la même idée à laquelle je tâche et que je reprends sans cesse. Heureusement, je ne suis pas le seul que la subjectivité intéresse. C'est une perspective pertinente et riche pour étudier la pratique des dirigeants, des artistes et des pédagogues. Ces personnes m'ont bien rendu l'intérêt que j'ai pris à les étudier et à essayer de les comprendre.

Les dirigeants ne peuvent pas se permettre le luxe de s'afficher comme nous le faisons. Être professeur, c'est oser s'afficher en traitant de vraies questions et de vrais problèmes. Si on traite de la subjectivité, on ne peut pas le faire de façon platonique. Ça n'avancerait à rien. On parle de sa propre subjectivité, même si c'est compromettant. Si c'est toujours soi qu'on écrit, c'est aussi soi qu'on enseigne quand on donne une leçon, inaugurale soit-elle.

Dans une forme un peu théâtrale, pour mettre en scène la vérité de l'hypocrisie qui s'affiche (renie-t-on jamais ses premières amours ?), je vous ai fait voir une partie de mes coulisses. Mais bien sûr, il s'agissait de coulisses organisées, visibles, montrables. Ce que je publie est une infime partie de ce que j'écris. Ce que j'écris est une infime partie de ce que je dis et de ce que je fais. Ce que je dis et ce que je fais sont une infime partie de ce que je pense. Et ce que je pense est une infime partie de ce que j'imagine et de ce que je fantasme. Vous voyez, et vous savez tous par expérience personnelle, qu'on a des coulisses secrètes, et par rapport à ce qu'on montre sur scène, ces coulisses peuvent être immenses, comme au théâtre. L'hypocrisie qui s'affiche est moins fausse que la pseudo-transparence et la pseudo-vérité. L'anxiété de persécution dont on prend conscience, qu'on accepte, qu'on ose afficher et dont on s'amuse n'est pas de la paranoïa. L'angoisse dépressive dont on prend conscience, qu'on accepte et qu'on utilise avec humour pour comprendre la nature humaine, ce n'est pas de la dépression. Ce sont des atouts dont on peut se servir pour mieux connaître les joies et les affres de l'ambition, la sienne et celle des autres.

La leçon inaugurale est une occasion qui arrive une fois dans sa vie et je veux en profiter pour dire à tous la fierté que j'ai de faire partie de cette École qui a formé Gérard Filion, un diplômé de 1934 dont j'appréciais l'audace, le jugement et le style et que je lisais avec plaisir et admiration quand j'avais 20 ans. C'est parce que je suis fier et ambitieux que je me permets d'être un peu critique. Je vais vous faire une confidence. Après tout ce que j'ai dit aujourd'hui, je peux bien me permettre ça. Pensionnaire au collège, j'avais un voisin qui voulait devenir économiste. Il était abonné à *L'Actualité économique* et rêvait de faire carrière aux HEC. Je viens d'un milieu très pauvre économiquement et intellectuellement. Montréal, c'était le bout du monde, et HEC Montréal, c'était la Mecque des affaires. À ce moment-là, jamais je n'aurais imaginé pouvoir y faire carrière un jour, même si moi aussi je me suis abonné à *L'Actualité économique*. Heureusement dans mon milieu, une personne avait de l'ambition, faisait de la projection et faisait des projections. Elle voyait plus loin que le bout de son nez. Par une ironie du sort, mon voisin d'études est devenu économiste et enseigne à l'Université Laval et voilà que c'est moi qui suis devenu ordinaire à la Mecque des affaires. Je suis ici entouré d'amis indéfectibles, je travaille avec une foule de professeurs que je respecte, en qui j'ai confiance et qui m'apprennent beaucoup. Leur devise semble être «Bien faire et laisser braire». Ils sont occupés à travailler, sont là quand c'est important, et le reste du temps, ils laissent braire. Ils me rendent bien le respect et la confiance que je leur porte.

J'ai été chanceux dans la vie et ma chance continue. J'étudie la direction, l'ambition, l'autorité, l'agressivité et l'art. J'ai choisi de le faire par le biais de la projection et de la subjectivité. L'étude de la subjectivité passe par sa propre subjectivité. L'étude de la subjectivité me permet de mieux comprendre l'objectivité mais surtout, elle me permet de faire le sens dans ma vie professionnelle et dans ma vie personnelle, et je ne vois pas la fin. Comprendre la subjectivité? Une mission impossible. Mais comme l'ère est au *work in progress*, il ne s'agit pas seulement d'une tâche non finie, mais surtout d'une tâche infinie, tout ce qu'il faut pour continuer à faire le bonheur **d'un professeur ordinaire, trop ordinaire**. Merci!

ÉPILOGUE
Quinze ans plus tard
Tristan de La Plume

Si je te comprends bien, Laurent Lapierre, tu affirmes qu'au-delà de l'objectivité essentielle, voire la plus importante, il y a la subjectivité, la plus déterminante de ce qu'on pense, de ce qu'on décide et de ce qu'on fait comme gestionnaire.

Ce n'est pas une négation de l'objectivité ; mais ce n'est pas dans les connaissances et les informations que le dirigeant va trouver « le cœur » de sa subjectivité. Il lui faut avoir l'audace d'aller plus loin, d'aller au sein de sa différence.

Des auteurs de génie (Sophocle, Montaigne, Shakespeare, Proust...) ont montré la voie. Pour descendre en soi-même, il faut s'affranchir des connaissances, une fois qu'on les a acquises. Et il faut créer au-delà des théories et des techniques, une fois qu'on les a maîtrisées.

Le jugement, qui est au cœur de la gestion, relève plus de la subjectivité que de l'objectivité. «Tête bien faite», plutôt que tête bien pleine», écrivait Montaigne.

Les réflexions de tes contre-leçons prennent appui sur des artistes (romanciers, cinéastes, poètes, créateurs visuels...).

S'il y a des professeurs ordinaires, tu concèderas qu'il y a des gestionnaires ordinaires, des gestionnaires ordinaires qui ont la sagesse de chercher leur vérité, leur subjectivité, en eux-mêmes, et que plusieurs le font au moyen de l'écriture «subjective»: Qu'est-ce que je pense de moi, des autres et du monde, vraiment? Quelles sont mes valeurs fondamentales?

À professeurs ordinaires,
gestionnaires ordinaires!

L'AUTEUR

http://laurentlapierre.com
http://chairedeleadership.com

Laurent Lapierre, baccalauréat *ès arts*, baccalauréat en pédagogie et baccalauréat en histoire
(Université Laval, Québec), M.B.A. (HEC Montréal)
et Ph.D. (Université McGill), est titulaire de la
Chaire de leadership Pierre-Péladeau et professeur
titulaire à HEC Montréal. Ses cours portent sur
la direction, le leadership, la gestion des entreprises artistiques et des industries culturelles et
la méthode des cas comme méthode de recherche
et d'enseignement. Il s'intéresse à l'influence de
la personnalité des gestionnaires sur leurs façons

de diriger, ainsi qu'aux comportements généra-
teurs de succès et d'échecs dans l'exercice de la
direction.

Il a d'abord été enseignant (1964-1968). Il a été
ensuite le premier directeur général de la Société
artistique de l'Université Laval (1968-1970) et le
premier directeur administratif du Théâtre du
Trident (1970-1973). Il a été membre du conseil
d'administration de plusieurs compagnies de
théâtre et de l'Orchestre symphonique de Montréal,
et membre du premier conseil d'administration du
Fonds d'investissement de la culture et des communications. Il a été fondateur et coresponsable du
Groupe de recherche et de formation en gestion
des arts et fondateur et coresponsable du Groupe
de développement de la méthode des cas à HEC
Montréal. Il a été le premier directeur du Centre
de cas HEC Montréal et il a été membre du Centre
d'études en administration internationale (CETAI).
Il a été membre du conseil de la recherche et du
comité du programme de doctorat en administration. Il a été membre du comité d'éthique en
recherche et membre du comité des doctorats hono-
rifiques et des nominations au titre de professeurs
émérites. Il a été représentant des professeurs au
Conseil pédagogique.

De 1980 à 1988, parallèlement à ses études de
doctorat et à sa carrière de professeur, il fait une
psychanalyse de formation qu'il complète, de 1986 à
1990, par une formation clinique en psychothérapie
au Pavillon Albert-Prévost et au Centre commu-
nautaire de psychiatrie de l'Hôpital du Sacré-Cœur
de Montréal. Il est un des membres fondateurs de
l'International Society for the Psychoanalytic
Study of Organizations (ISPSO) et a fait partie de

son comité directeur pendant plusieurs années. Il pratique la « méthode subjective de recherche » pour étudier les phénomènes du leadership dans tous les domaines. L'entretien et l'observation lui servent à recueillir son matériel de recherche, et l'écriture et les narrations sont au cœur même de sa méthode. Ses articles et ses travaux ont été publiés en arabe, en français, en anglais, en espagnol, en japonais, en mandarin, en néerlandais et en portugais. Il agit fréquemment à titre de conseiller personnel en leadership.

Il est coauteur de *Clinical Approaches to the Study of Managerial and Organizational Dynamics,* Actes du quatrième symposium annuel de l'International Society for the Psychoanalytic Study of Organization (ISPSO), HEC Montréal, 1991 ; de *Imaginaire et leadership* (3 tomes, 1992, 1993 et 1994) publié chez Québec/Amérique et aux Presses HEC ; de *Roland Arpin et le Musée de la civilisation* (1993), de *Pierre Bourque – Le jardinier et l'ingénieur* (1995, collection « Les grands gestionnaires et leurs œuvres ») publiés aux Presses de l'Université du Québec et aux Presses HEC ; et de *La subjectivité, l'autorité et la direction, leçon et contre-leçon inaugurales,* Cahiers des leçons inaugurales, HEC Montréal, 1995. Il a été coéditeur de *Habiletés de direction*, publié dans la collection « Racines du savoir » de la revue *Gestion*. Il a été coresponsable de la collection « Femmes et hommes remarquables », publiée aux Éditions Transcontinental. Il dirige les collections « Leaders » et « Création et gestion » aux Éditions Logiques. Il est coauteur, avec Jacqueline Cardinal, de *Noblesse oblige – L'histoire d'un couple en affaires : Philippe et Nan-b de Gaspé Beaubien,* Éditions Logiques, 2006 ; de *Jacques Duchesneau, l'audace dans l'action,* Éditions Logiques, 2007 ; et de *Pierre Jeanniot – Aux commandes du ciel,* Presses de l'Université du Québec, 2009.

Il a été récipiendaire du prix Guy-Charrette pour le meilleur article publié dans la revue *Gestion* en 1978 et aussi des prix de recherche suivants : le prix Alma-Lepage (1990, 1991, 1999, 2003, 2004 et 2005), le prix Gaëtan-Morin (1992) et le prix Pierre-Laurin (1994). Il a été directeur et rédacteur en chef de *Gestion, revue internationale de gestion* en 1988-1989 et de 1993 à 1997. Il a été l'éditeur de deux numéros spéciaux de cette revue portant sur *Le leadership* (septembre 1991 et septembre 2008). Il a été récipiendaire, en 1997, du prestigieux prix de la pédagogie de HEC Montréal et, en 2001, du Prix 3M de reconnaissance en enseignement de la Société pour l'avancement de la pédagogie dans l'enseignement supérieur (SAPES), ce qui lui a valu d'être nommé «personnalité de la semaine» par le quotidien *La Presse,* le 5 août 2001. Depuis, sa biographie est répertoriée dans le *Canadian Who's Who.* En 2003, il a reçu le prestigieux Prix d'excellence en enseignement de la gestion, région du Québec, décerné par le *National Post,* en collaboration avec PricewaterhouseCoopers.

En 2004, il a été nommé membre du conseil d'administration de Montréal, capitale mondiale du livre 2005-2006 et membre du conseil d'administration et du comité exécutif du Conseil des Arts du Canada. Il a été élu, par les étudiants au M.B.A. HEC Montréal, professeur de l'année 2004-2005. Depuis l'automne 2005, Laurent Lapierre est l'animateur de l'émission *Leaders,* diffusée à la chaîne numérique *Argent* (http://argent.canoe.com/). *Leaders* est l'occasion de rencontres avec des leaders œuvrant dans tous les secteurs : affaires, arts et culture, sciences... Laurent Lapierre a aussi tenu la chronique hebdomadaire «Leadership», toujours à la chaîne *Argent* et au *Journal de Montréal*. En 2007, il a été nommé membre de l'Ordre du Canada. Laurent Lapierre s'est spécialisé en leadership, en gestion des entreprises artistiques, des industries culturelles et de la création. Il agit comme expert auprès d'entreprises artistiques, de leaders, d'entrepreneurs et de créateurs, notamment le Cirque du Soleil et Sid Lee «Créativité commerciale»™. En 2007, il fut le premier récipiendaire du prix Esdras-Minville pour le rayonnement externe de HEC Montréal. En 2009, Laurent Lapierre a été nommé «*Ambassador*» lors du congrès de la Word Association For Case Method Research et Application (WACRA), en reconnaissance de son leadership et de sa contribution à une plus grande utilisation de la méthode de cas pour la recherche et l'enseignement, président de l'Observatoire de la culture des communications du Québec (OCCQ) et membre du conseil d'administration de la compagnie de création «Abé Carré Cé Carré», dirigé par Wajdi Mouawad et Emmanuel Swartz. En 2010, Laurent Lapierre est nommé membre du Global Advisory Board, de la Global School of Applied Management (GSAM), de l'Inde.

DU MÊME AUTEUR

PARUS

Pierre Jeanniot – Aux commandes du ciel
Québec, Presses de l'Université du Québec, 2009, 456 p.
(avec Jacqueline Cardinal)

Sid Lee, c'est qui ?
publié en 2007 par Sid Lee à un exemplaire unique grand
format sous couvert cartonné, gardé précieusement sous
clé dans une vitrine située dans une chambre vert lime des
bureaux de l'agence, et accessible au public sur demande
(avec Jacqueline Cardinal)

Jacques Duchesneau sur le qui-vive – L'audace dans l'action
Montréal, Éditions Logiques, 2006, 264 p.
(avec Jacqueline Cardinal)

Noblesse oblige – L'histoire d'un couple en affaires
Montréal, Éditions Logiques, 2006, 237 p.
(avec Jacqueline, Cardinal)

Habiletés de direction
Montréal, *Gestion* – Revue internationale de gestion,
coll. « Racines du savoir », 1996, 231 p. Quatre réimpressions

Imaginaire et leadership
Montréal, Québec/Amérique et Presses HEC. Tome 1 –
« La méthode subjective et les narrations », 1992, 505 p.
Tome 2 – « Le contrôle, les affects et le leadership », 1993,
p. 506-775. Tome 3 – « Le deuil, la création et le leadership »,
1994, p. 776-1057 (avec collaborateurs)

Roland Arpin et le Musée de la civilisation
Québec, Presses de l'Université du Québec
et Montréal, Presses HEC, coll. « Les grands
gestionnaires et leurs œuvres », printemps 1993, 194 p.
(avec Geneviève Sicotte et Francine Séguin)

Pierre Bourque – Le jardinier et l'ingénieur
Québec, Presses de l'Université du Québec
et Montréal, Presses HEC, coll. « Les grands
gestionnaires et leurs œuvres », printemps 1993, 228 p.
(avec André Cyr et Gilles Amado)

À PARAÎTRE

On dirige comme on est
2010

Marcel Brisebois et le Musée d'art contemporain (1985-2004)
2010 (avec Bernard Chassé)

Guy Coulombe – Le goût du pouvoir public
2010 (avec Jacqueline Cardinal)

Simon Brault
2010 (avec Aurélie Dubois et Laurence Prud'homme)